教室への ICT 活用入門

藤本かおる

国書刊行会

はじめに

　コンピュータとインターネットにより、私たちの生活、そして思考様式も急激に変化しています。そして、それは教育分野にもどんどん波及しています。私がこの本を書こうと思ったきっかけは、2015年に公益社団法人日本語教育学会の教師研修会「反転授業・実践」の講師を担当したことです。講座の後半はワークショップで、自分の授業の改善を「反転授業」で考えるというものでした。参加してくださった先生たちは、びっくりするほど色々なアイディアを持っていたのです。でも、実はその多くが「反転授業」ではありませんでした。

　ITとICTという似た言葉がありますが、その違いは何でしょうか。ICT（Information and Communication Technology）とは、「情報通信技術」のことで、中でもコンピュータやインターネットを活用する場合に使われることが多い言葉です。それに対してITとは、Information Technology（情報技術）の略で、ハードウェアやソフトウェア、インフラなどコンピュータ関連の技術そのものを示します。ICTは、"Communication"という言葉が入っている通り、情報を伝達することを重視しており、パソコンやタブレットPCなどの機器を導入し、接続回線（LANやWi-Fi環境）をととのえるだけでは、「ICTを利用している」とは言えません。

　そして、ICTを教育に取り入れるというのは、何も「反転授業」だけではなく、様々な方法も、また歴史もあります。しかし、それはずっとICTに関わってきた教師には当たり前のことだけれど、これから取り入れたい！という先生たちには、当たり前のことではない……。その時に、ICT利用教育にはどのような方法があり、どんな考え方がベースとなっているのか、その紹介が必要だと気がつきました。

　教師というのは、常に自分の授業の改善を考えていると思います。ICT

利用教育の基礎知識があれば、普段コンピュータやインターネットを便利に使っている先生だけでなく、苦手意識のある先生でも、どんどんおもしろいアイディアが浮かび、実践したくなるのではないでしょうか。

　また、これまでの実践報告やICTについての本では、ツールやソフトの使い方、操作方法などを紹介しているものがとても多いです。しかし、この本では具体的なツールはあまり紹介していません。なぜなら、ICT技術はすさまじいスピードで進歩しているので、すぐに情報が古くなるからです。特に、無料のサービスはかなり短命で、出版した次の日にはサービスが停止した……なんてことも起こります。そこでこの本は、教室や授業や学びにICTを取り入れたいと思った時に、どのように取り入れたらいいか、理論的な枠組みなどを知る入門書となるような本を目指しました。お悩み相談でどのようにICTを取り入れたらよいかを具体的に示したり、代表的なICTを利用する授業例などを紹介しています。そして、これまであまり書かれていなかった授業とテクノロジーの関係について、歴史的概観も加えました。また、ICTやITに関わる用語についてごく簡単に説明した用語集をつけました。

　日本語教師を目指す大学生や養成講座で学んでいるたまご先生からベテランの先生まで、ICTを自分の授業に取り入れたくなったら繰り返し手にとってもらえる、そんな本になれたらいいなと思っています。

目次

はじめに　3

第1章　ICT利用教育の歴史を知ろう ································· 7

1　メディアの変化とICTによる教室の変化 ···························· 8
2　学びとICT ··· 12
3　ID（インストラクショナルデザイン）入門 ·························· 26
4　語学教育でよく使われるICT ··· 37
5　ICTに得意なこと、不得意なこと ···································· 46

　　コラム　教育、研究、ビジネスのブレンディッドライフ
　　　　　　──私のeラーニング遍歴──　篠﨑大司　51

第2章　授業デザインから考える ICTを使った教授法 ································· 55

1　反転授業── 授業内の活動時間が足りないあなたへ ···················· 56
2　ブレンディッドラーニング── 学習者の学びのチャンネルを増やしたいあなたへ ···· 64
3　CSCL── ICTを使って授業を協働的に行いたいあなたへ ··················· 71

　　コラム　スマホ遣い…できることから楽々ICT！　小山暁子　77

第3章 ICTで授業改善 ────────── 81

1 反転授業で授業改善 ────────── 82
2 ブレンディッドラーニングで授業改善 ────────── 91
3 CSCLで授業改善 ────────── 99
4 "初めの一歩"を考える ────────── 112

（コラム） カイ日本語スクールのICT導入物語　倉本文子　119

第4章 ICTを利用した教室活動に必要なスキルとは ────────── 125

1 コンピュータが苦手でも大丈夫？ ────────── 126
2 "日本語教育"の実例にこだわらず
　わからないことはネットで調べよう ────────── 130
3 こんな時はどうする？　FAQ ────────── 132

おわりに　141

用語集　143
引用・参考文献　153

第**1**章

ICT利用教育の歴史を知ろう

気がつけば、コンピュータやインターネットはすっかり生活の一
部に。でも、そもそも教育にICTはどんな風に取り入れられた
のか。最初の章では、教育とICTに関して、歴史的なことも踏
まえながら概観を把握していきます。

1 メディアの変化とICTによる教室の変化

■メディアの変化

なぜ授業にICTを使うのか。その根本を考えるために、まずメディアの変化を考えてみましょう。「メディアと言えば何?」という問いに、皆さんはどう答えるでしょうか。学習者に同じ問いをすると、まだ、新聞や雑誌、テレビやラジオという答えが返ってきます。そして、当然インターネットも出てきます。では、「メディアとはなんですか?」という問いはどうでしょうか。『大辞泉』では、以下のように定義されています。

　媒体。手段。特に、新聞・雑誌・テレビ・ラジオなどの媒体。

　メディアとは何がしかの情報を他者に伝達する媒体であると言えます。これは、古代から変わらないものです。例えば、フランスのラスコー洞窟の壁画はどうして描かれたのか謎の部分も多いですが、当時のその周辺の状況を記録したものだという説があります。古代エジプトのヒエログリフは文字であり、神話やファラオの歴史を記録し伝えています。キリスト教や仏教の宗教画も、文字の読めない信徒にわかりやすく宗教観を伝えるために描かれました。

　では、情報を伝えるものとしての物理的な媒体について考えてみるとどうでしょうか。壁画からやがてパピルス(paperの語源)ができ、羊皮紙、そして手書きの紙の本ができました。中世では紙は贅沢品であり、手書きの書物は一種の宝物で、教会や(日本であれば寺や神社)、王侯貴族などしか持てないものでした。やがて活版印刷ができ、機械化により大衆にも普及。新聞が毎日発行されるのが当たり前になり、日本では戦後、教科書は学習者一人につき一冊の時代になりました。

　紙による情報伝達の時代はずいぶん長く続いています。しかし、そろそろ紙の時代から次の時代へと大きな変化が起こっています。そう、それがデジタルの時代です。

メディアの変化はテクノロジーの進歩です。テレビや映画などの映像も、ラジオやレコード・CDといった音声も、今では全てがデジタルの時代です。この影響は、娯楽や一般生活だけではなく、教育にも及び、学校が大きく変化しようとしているのが、現代と言えるでしょう。

図1-1-1　「コンピュータの父」と言われる計算機科学者アラン・ケイが描いたイラスト

　ここに1枚の絵があります。子供たちが何やらタブレットPCのようなものを見ています。このイラスト、いつ書かれたと思いますか？　なんと、1970年代に描かれたものなんです。

　当時、コンピュータは超高額、そして超大型。専門家はその処理能力に大きな期待はしていましたが、こんなに小さくすることは現実的ではないと考えられていました。同様に、1960年代や70年代のSF映画やスパイ・アクション映画を思い出すと、スマートフォンやウェアラブル端末、指紋認証や光彩認証、そして自動運転等、当時、荒唐無稽だと思われていた技術が、ほんの20〜30年で現実のものとなり、現在ではその多くを私たちは当たり前に使っています。そしてこの流れが、教室にも押し寄せているのです。

■教室環境の変化

　もう1枚の絵を見てください。これは、世界で最も古い大学の1つであるボローニャ大学の1350年代の講義風景を描いた写本挿絵です。

　先生と学生の立ち位置に注目してください。先生が前にいて講義をしています。横のほうにも学生がいますが、原則学生は先生と対面するように等間隔で座り、紙とペンを持ち授業を受けています。この構図は、私たちにとってもなじみのあるものではないでしょうか。そう、600年以上前から、教室の構図はあまり変わっていなかったのです。ここに、ICTがやっ

図1-1-2　ボローニャ大学における1350年代の講義風景
ラウレンティウス・デ・ヴォルトリーナ画、ベルリン銅版画ギャラリー蔵

てきました。

　例えば、板書代わりに「PowerPoint」のスライドを使っている教師は、大学においてはとても多く、普通のことになりました。また、書籍や教科書もどんどんデジタル化し、小中学校の生徒全員にタブレットPCを持たせるなどの試みは、今ではさほど珍しくなくなってきています。そして、ノートを取るだけでなく自分が大事だと思う板書をスマートフォンで撮影する学習者も多いです。つまり、教師の板書も学習者のノートテイキングもデジタル化しつつあるというわけです。学校からのお知らせも紙からメールやポータルサイトになりました。

　そもそも、現在の学習者はデジタルネイティブです。デジタルネイティブとは、生まれた時から電子機器と共に育っている世代のことで、1980年代以降に生まれた人たちを指します。物心ついた時から携帯電話やスマートフォンがあり、インターネットの動画を見て育っています。例えば、私が日本語教師になったばかりの頃、授業中に「初めて買ったレコードは何ですか」という質問をしました。その時学習者に、「先生、レコードじゃありません、CDを買いました」と笑われましたが、今ではCDすら買わず、インターネットのサイトからダウンロードする人も多いでしょう。

　辞書も同様です。電子辞書が売られ始めた時には、私が働いていた日本語学校では「辞書議論」が起こりました。紙の辞書VS電子辞書です。学習者が教室に電子辞書を持ち込むことをよしとしないベテランの先生も多

かったのですが、その便利さに学習者どころかあっという間に教師にも使用が広まりました。それが、ほんの10年ほどで電子辞書を持っている学習者はあまりいなくなり、みんなスマートフォンを使っています。コンピュータとインターネットが登場しすさまじい勢いで発達、そして、メディアがデジタル化されるにつれて、教室もどんどん変化してきています。

■情報を伝達するだけの教育の限界

この節の最初にメディアの話をしました。メディアは、情報を伝達するもの。これまでの教育は、ある意味教師が持つ情報（教科内容）を学習者に伝達するようなものだったと私は考えます。教師は、学習者より先に生まれ知識を習得し、その知識を教室で学習者に伝達する。これまでの教育は、それでもよかったのだと思います。しかし、インターネットの発達により、教科書に載っているような内容は、学習の目的がはっきりしていれば自分で探せる時代になりました。また、動画発信の技術の発達により、国にいながらにして世界的に有名な大学の授業を受けることもできます。**教師の役割は、知識を伝達することだけではなくなってきているようです。**

では、教師は何をしたらいいのでしょうか。現在、アクティブラーニングなど学習者が主体的に学ぶといった授業が注目されています。学習者が主体的に学ぶ授業とICTはとても親和性があります。ICTというと身構える人も多いですが、教育、特に語学教育は、これまでもたくさんの最先端技術（テクノロジー）を教室に取り入れてきた実績があります。LL教室といった大規模なものから、カセットテープやCDプレーヤーなど、今では古くなってしまったものも、導入当時は新しいテクノロジーで、その効果に疑問を持ち導入に反対する教師がいました。しかし、使ってみればとても便利で効果もあったため、教室に定着したのです。どうでしょう。ICTもカセットテープやCDプレーヤーと同じと考えると、少し気が楽になりませんか？　それに、インターネットやスマートフォンを全く使っていない！という教師は今やいないはずです。毎日使うスマートフォンの便利さを、ぜひ教室にも取り入れてみましょう。

第1章　ICT利用教育の歴史を知ろう

2 学びとICT

■LL教室の変化から見る外国語学習と最新機器

　学生時代に、LL教室で外国語学習をした経験のある方も少なくないでしょう。しかし、平成生まれの先生には、「LL教室って何ですか？」という方もいます。『大辞泉』によると、「LL」とは「Language Laboratory」の略で、「視聴覚教材を活用した語学実習室。個人別に囲いで仕切られ、録音再生装置・ビデオ装置などを備えているのが普通」。つまりLL教室は、外国語学習に特化した特別な教室です。ここでは、LL教室の変化から、外国語教育と最新テクノロジーの関係を考えてみましょう。

▶シングルタスクからマルチタスクへの変化

　LL教室が日本で取り入れられるようになったのは、昭和30年後半頃からのようです。当時、LL教室がある学校は外国語（特に英語）教育に力を入れている学校、という印象がありました。その後、コンピュータが普及し始め、CALL（Computer Assisted Language Learning）教室と言われるようになり、現在では、PC教室を語学の授業で使っているケースも多いでしょう。専修大学の資料を見ると、同大学がLL教室を導入したのは1964年、ちょうど先の東京オリンピックの年です。当時、LL教室があった教育機関は全国にたった48校（同資料から）ですから、高額な最新設備であったことがうかがえます。

　やがて、LL教室は1995年前後からCALL教室に変わってきました。実に30年以上、LL機器は外国語学習を支え続けたわけです。LL教室とCALL教室の大きな違いは、LL教室はLL専用の機器がなければ成り立たなかったのに対して、CALL教室は、コンピュータが専用機器の代わりに使われていることです。コンピュータに外国語学習用のソフトをインストールし、マイクやヘッドフォンが接続され、インターネットも利用します。マイクロソフト社のオペレーションソフト（OS）「Windows95」が発売されたことにより、専門知識のない人でもかなり気軽にコンピュータを

使えるようになったのが、まさに1995年です。そして、インターネット利用の普及も始まりました。

この変化の意味するところは、機器のシングルタスクからマルチタスクへの変化です。コンピュータが登場するまで、ほとんどの機器というのはシングルタスク、つまり、1つの機器でできることは1つでした。一般の教室で考えると、(録音録画もできますが) カセットデッキやCDプレーヤーは聞くため、テレビやビデオデッキ、DVDプレーヤーは見るため。それが、コンピュータの登場で、全てが1台でできるようになりました。「LL教室でも、色々なことができたよね？」と思われるかもしれませんが、「外国語学習」に特化しており、ほかのことには使えません。これが、CALL教室との大きな違いです。コンピュータはアプリケーションをインストールすると、文書作成も表計算もできますし、画像だけでなく音声や動画の編集などもできます。

シングルタスクからマルチタスクになると、1つの機器で複数のことができるため便利になる反面、色々なアプリケーションの操作が煩雑になるというマイナス点もあります。アプリケーションが違えばメニューをはじめとしたインターフェースも、同じ開発元のものでも若干違うため、慣れるまでに時間もかかってしまいます。もちろん、操作も変わります。そういう点が、コンピュータへの苦手意識を生んでいるのかもしれません。

▶インターネットで教室が外につながった

LL教室からCALL教室へ。もう1つの大きな変化は、機器がインターネットを通じて外の世界とつながったことです。LL教室では、教師と学習者は機器を通してつながることはできました。でも、それはあくまでLL教室という限られた空間の中だけです。また、LL教室での学習者は、教師の指示に従って練習をすることが中心で、学習者主体ではなかったと思います。

CALL教室初期も、市販の学習用CDやDVDなどで学ぶことが多かったのですが、徐々にアウトプットの手段として、インターネット上の掲示

板やブログを授業で活用するようになりました。これらのサービスを使うことで、教師や同じクラスで学ぶ学習者同士だけでなく、学習者が学んだ言葉を使って発信して様々な人とつながることができるようになったのです。

やがて、教材も変わってきて、"教材として作られたコンテンツ"ではないコンテンツが外国語学習に利用できるようになりました。英語教育でよく利用されているTEDは、無料で配信されている公開講演で様々な分野の第一人者が登壇します。また、「YouTube」での動画公開や、「Quizlet」（第3章3節参照）のようなオンライン上で簡単にドリル問題を作れるようなサービスも始まり、教師が学習者に合わせた教材を作ることも容易になってきました。ICTを利用した学びについての具体例は、2章や3章で説明しますが、コンピュータとインターネットの普及により、外国語学習は、教師にとっても学習者にとっても、より主体的に教えられる・学べるようになってきたと言えます。

■ティーチングマシンからCAIへ
▶スキナーとティーチングマシン

2000年ごろ多くの先生に言われたのが、「コンピュータで授業ができるようになったら、私たちの仕事がなくなるんじゃないんですか!?」ということでした。先生たちの多くは、「教える」という自分たちの仕事が、コンピュータに取って代わられることを恐れたのです。この考えは、あながち間違ってはいません。1970年代のコンピュータ黎明期以前に、すでに人間ではなく機械に授業をさせる、いわゆるティーチングマシン構想がありました。ここでまず注目してほしいのは「ティーチングマシン」という言葉です。これはまさに、教師の代わりとして教えるための機械をイメージさせます。

ティーチングマシン構想は、産業革命的思想、つまり、労働力の軽減と結びついていたようです。そして、「オペラント条件付け」で有名な心理学者B・F・スキナーが大きく関わっています。スキナーは実験を元に機械を人間の教育に使用することを考え、実際にハーバード大学で「プログ

ラム学習」の研究が行われ、1958年に論文を発表します。ここで言う「プログラム学習」とは、「教育目標の到達に向かって学習者に解かせる問題を段階的に配置して（プログラムして）提示する教材を用いた学習のこと」（熊本大学大学院社会文化科教育部教育システム学専攻ホームページより）です。「プログラム学習」では、「正しい反応には必ずそれを「強化」するためのフィードバックが与えられるべきであり、その学習のプロセスを保障するためには個別学習が基本となる」（同上）と考えられ、スキナーの「強化」の考え方が強く影響しています。実際に、スキナーの研究から教材としてたくさんのティーチングマシンが開発、発売されました。これらのティーチングマシンはもちろんICTを利用したものではなく単体の機械で、中に「問題を印刷したテープやディスクが入り、学習者はそれを回し提示された問題を解いた後、表示される正解で答え合わせをし、レバー操作で結果を記録」（山内 2010）します。

　論文等ではティーチングマシンは教師に取って代わるものではないことをスキナーは強調していますが、スキナーの考えでは、実際削減されるのは教師の労働だけでなく教師自身も含まれていたようです（浜野 1990）。しかし、ティーチングマシンが登場しても教師は淘汰されなかったわけです。理由として、当時の技術力ではそこまでのシステムは作れなかったということがあるでしょう。やがて、パーソナルコンピュータの登場によって、コンピュータによる教授活動が開発されます。

▶CAIの登場

　CAI(Computer Assisted Instruction)とは、「コンピュータに支援された教授活動」で、コンピュータが出題し学習者の正誤によりフィードバックを行うコンピュータシステムの総称です。大きな特徴は、「学習者の進度・習熟度を蓄積しフィードバックを行うことで、個人差に対応できる」（山内 2010）ことが挙げられます。CAIでよく取り上げられる例として、「PLATO (Programmed Logic for Automated Teaching Operations)」があります。「PLATO」は、イリノイ大学が1960年から20年に渡り研究開発した世界初のCAIシステムで、なんと2006年まで小学校から大学まで幅広く利用

されていました。「PLATO」はオンラインシステムを導入しており、現在私たちが考えるICTによるコミュニケーション活動の多くを行うことができました。例えば、掲示板、オンラインテスト、メール、チャット、マルチポータブルプレーヤーなどです。また、プログラミングの専門家でない者が学習プログラム開発ができるように、専門のプログラミング言語（Tutor）が開発されました。それにより、研究者や教師が実際に自分の授業にあわせたコンピュータで学べるコースを開発することを実現しました。

　しかし、初期のCAIはドリル型問題が中心で目的がはっきりしている学習、例えば受験や資格試験の勉強などには効果はありますが、紙のドリルを大量に解かせることとどのような違いがあるのかといった批判もありました。また、学習過程がスモールフレーム（小さな枠組み）の連続で直線的であり、学習者の学習速度には合わせられますが、学習者の学習経験や理解度などには対応していませんでした（山内2010）。その後、情報処理心理学や人工知能の研究がCAIに活かされるようになり、学習者の内面に注目しより適切なフィードバックを行えるようなシステムが開発されました。

▶マルチメディアの時代

　やがて、コンピュータの発達とともに、新たな教授システムが生まれます。それが、マルチメディアです。『大辞泉』によるとマルチメディアとは、「文字・動画・静止画・音声・グラフィックスなど、多様な表現を統合的に用いる情報媒体」で、「情報のデジタル化によって可能になった」と書かれています。マルチメディア教材が作られるようになったのは1980年代で、1990年中頃までに『ミミ号の航海』などいくつかの有名な教材がアメリカだけでなく日本でも作られました。

　マルチメディア教材の特徴は、中心に映像やクリップなどがあり、内容に関連したテキスト、練習問題が用意されていることです。また、基本構成としてゲームやシミュレーションなども取り入れられていました。現在では、上記のようなものはスマートフォンでも当たり前に見られますし、作ることも簡単になりました。しかし、当時の技術では画期的なことだったのです。マルチメディア技術のインパクトについて山内（2010）では、

「任意の位置から動画が再生可能であるという点で視聴覚教育の1つの課題を解決するものとして注目された」というプリミティブなものから、現在のインターネット技術につながるハイパーテキストやハイパーメディアについて言及しています。

　ハイパーテキスト、ハイパーメディアは、現在の「リンク」をイメージするとわかりやすいと思います。ホームページのように、あるテキスト（単語や文）をクリックすると、そこから関連する情報を開くことができます。これにより文字情報だけでなく、映像や練習問題にも簡単にアクセスできるようになりました。1987年にアップルコンピュータ（当時・現アップル）が開発した「HyperCard」は、ハイパーテキストを一般的に使えるようにした最初の商用ソフトウェアで、ゲームの制作、簡単なプログラムの開発などができ文字だけでなく音やイラストを取り入れることもできました。私が最初に日本語教育用の学習ソフトを作る手伝いをしたのも、この「HyperCard」でした。

　スマートフォンのアプリに慣れている現在では、「HyperCard」の画面は白黒で味気なく見えます。しかし、クリックすればテキストだけでなく音声や動画、練習問題が展開するというのは、当時は画期的なことでした。例えば、スキナーのティーチングマシンは、単純な1つの仕組みで学びのすべてを完了させようとしていました。しかし、教室活動を考えると、教師は自分自身も含め、様々な方法や手法、メディアを使って授業を行います。つまり、学びには様々な方法が必要なのです。山内（2010）からのマルチメディア学習のモデル（Mayer 2005）によると、まずマルチメディア表象として最初に言葉と絵という2種類の表現から、耳と目という感覚記憶を通して作動記憶へとつながっていきます。作動記憶では、言葉の体制化として音、イメージの体制化としてイメージが認識され、それぞれ言語モデル、画像モデルとなります。それが、長期記憶の事前知識と統合され、定着していきます。「HyperCard」はこのマルチメディア学習を可能にしたのです。

　しかも「HyperCard」は、教育関係者がオリジナルの教材を作るのに、ICTの専門的知識はさほど必要ではありませんでした。そのため、日本語

図1-2-1 パデュー大学が開発した「KANJI INVADER」

教育でも「HyperCard」でマルチメディア教材が作られ、教育効果の高い教材がいくつもありました。

ここで、私の大好きな日本語のマルチメディア教材を1つ紹介します。アメリカのパデュー大学の「KANJI INVADER」です。空から漢字が攻めくるので、読み方を入力し該当する漢字をクリックして、侵略を防ぎます。全ての漢字を時間内に撃ち落とせたら町は守られますが、撃ち落とせないと街が破壊されてしまいます。現在でいうゲーミフィケーションを利用した優秀なマルチメディア教材ですが、これはMacintosh（Mac）のコンピュータ専用で残念ながらWindows版コンピュータでは使えません。当時のマルチメディア教材は、使用できるコンピュータの機種が厳密で、例えば「HyperCard」はMac専用ソフトのためWindowsでは使えませんでした。また、教材がインストールされたコンピュータでしか学習できませんでした。現在は、クラウド上のサービスが多く、1つのIDでパソコン、スマートフォン、タブレットなどにログインして同じアプリを使うことができますが、マルチメディア教材はこのようなことはできませんでした。

▶eラーニングの登場

広大な国土を持つアメリカでは、通信衛星などを使ったいわゆる遠隔教育が1980年代から行われていましたが、インターネットの普及でより安価に講座が提供できるようになってきました。コースとしてコンピュータ上で学ぶCBT（Computer-Based Training）やWBT（web-Based Training）なども登場しました。2000年になると日本でもeラーニングがにわかに注目され、業界関係者には、この年を「eラーニング元年」と言う人もいます。ち

なみに、2000年の「新語・流行語大賞」は、「IT革命」でした。社会的にもIT（ICT）が注目されていたと言えます。

eラーニングとは、electronic learningの略です。"Oxford Living Dictionary"で見てみると、「e-learning: Learning conducted via electronic media, typically on the Internet.（電子メディアを介した学習、通常はインターネットを介した学習）」とあります。

単にコンピュータで学ぶのではなく、インターネットを利用することが、eラーニングでは重要なポイントです。2000年以降の日本でのeラーニングの普及は、企業内の研修を中心としていました。企業内では業務に関する限定的な知識を学びます。1995年に「Windows95」が発売され、この頃にはオフィスの仕事では1人1台のパソコンを使うのが当たり前になっていました。パソコンにより業務の効率化が行われ、それを人材育成にも……と考えた企業は多かったのでしょう。個人的にはこの頃作られたeラーニング教材・コースの多くは、スキナーのティーチングマシンに近いもので、単に紙の問題集をデジタル化しただけのものが多かったと思います。そして、以下のような問題点がありました（和田2004より筆者が作成）。

管理面	コスト、コンテンツ作成の手間、コンテンツ不足、専門の管理者が必要、システムに互換性がない（標準化されたシステムがない）、ユーザー管理ができていない
コミュニケーション面	モチベーションの維持が難しい、学習者の孤立、コミュニティの分断、人間関係の希薄さ、厳密な本人確認ができない、心理的不安（相手の顔が見えない等）、情報や知識が共有・蓄積されない

eラーニングのよさを端的に表した言葉に、「anyone, anytime, anywhere（誰でも、いつでも、どこでも）」というものがあります。インターネットにつないだパソコンがあれば、どんな人でもどこからでも、真夜中でも勉強できるということですが、これは裏を返せば制約がない分、やめるのが簡単ということです。実際に、従来の通信教育の脱落率よりも、eラーニングの脱落率のほうが多いという話もあります。

また、当時のコンテンツは、「leaning＝学習者中心」ではなく、やはりまだ「teaching＝教育提供者主導」であったことも、学びにくさにつながっ

ていました。例えば、新しいことを学ぶ時、通常は教科書なりテキストを購入します。新しい教科書を手にした時、皆さんは何をしますか。まず、パラパラとページをめくって、最後まで確認しないでしょうか。教科書の最後に書かれていることは、当然この段階では理解できません。でも、解説や例文、イラストなどを見て、「ここまで勉強するんだな、こんなことができるようになるんだな」と、学んだあとの姿を想像してはいないでしょうか。当時のeラーニングコンテンツは、教育提供者が設計した通りに学ばせるために、ユニットが終了しないと次に進めない仕組みになっていることがほとんどでした。前提条件をクリアしないと、適切に学べないのは確かですが、このような設計のため学習者自身が到達点のイメージを持ちづらかったのです。現在でも、このタイプのeラーニングはまだ残っていますが、もう少し学習者のモチベーションなどに配慮した設計になっています。

　ICT技術が発展途上であり、教育提供者主導であったことも影響し、2000年に大盛り上がりをしたeラーニングは、2005年前後になると、「失敗から学ぶ」といった本も出版されるようになりました。多くの事例が生まれて来た半面、成功事例ばかりではなかったのです。学習者にとっては学びにくい上に継続しにくく、教材提供者はコンテンツを作るのに手間もコストもかかる。教育したい機関にとっては、教育に必要なコンテンツがなく、コンテンツを制作しようとするとコストがかかり、受講生の修了率が低い……。eラーニングに対する期待が大きかっただけに失望も大きく、eラーニング導入を敬遠するような動きが生まれたのも事実です。また、企業内研修の効率を求める動機（集合研修をしなくてもいい、講師が必要ないなど）からの導入も多かったので、eラーニング化が進むと教師は必要なくなるというイメージも生まれてしまい、「私たちの仕事が奪われる！」と教師にICT導入に警戒心を抱かせることにもなりました。

▶ブレンディッドラーニングの登場

　学びに関わる全てのことをコンピュータ上で行うとしたことが初期eラーニングの大きな問題点でした。そうするには、ICTの性能が十分では

なかったですし、また、ティーチングマシンと同様に、学ぶ人の情意面に配慮できていなかったからです。2003年ごろから日本国内の文献に「ブレンディッドラーニング」（あるいは「ブレンディッド・ラーニング」）が見られるようになりました。ブレンディッドラーニングに関しては、2章で詳しく説明しますが、期待された効果は、コンピュータが配慮できないコミュニケーション面や情意面を、対面授業（講習）を加えることにより補い、eラーニングのドロップアウト問題などを解消することです。つまり、人が得意なこと、コンピュータが得意なことをうまく組み合わせようという考え方で、やがて、ブレンディッドラーニングから反転授業が派生します。

▶同期通信を利用したweb会議システムの教育利用

　インターネットの普及と通信速度向上により、それまで衛星通信などでしか行えなかった映像の同期通信が広く一般に普及しました。このような遠隔通信のシステムは、1970年代に電話回線を利用する方法から開発が進められましたが、ISDN回線が実用化された1980年代からシステムが市販されるようになりました。最も知られている「ビデオ会議」の専用システムとして「ポリコム」がありますが、ポリコム社は1990年に設立されています。その後、2004年に「Skype」の無料サービスが始まり、高価な専用機器がなくても同期通信ができるようになり、爆発的に利用者が増えました。「Skype」は無料のサービスですが、パーソナルコンピュータで使えるweb会議システムもたくさん開発されました。これらは、「Word」や「PowerPoint」などのファイルの共有や録画機能などの便利な機能が装備されているので、ビジネスだけでなく様々な教育で利用されています。英語学習においてはオンラインレッスンが主流になりつつあり、日本語教育でも増えています。また、外国語学習において、相互交流や異文化理解の実践の場としても、同期通信は重要な機会を作っています。

　同期通信でもう１つ重要なのは、動画共有が簡単にできるようになったことです。現在では、「Facebook」などのSNS（Social Networking Service）でスマートフォンから直接動画共有ができ、若者のコミュニケーションに欠かせないものになっています。しかし、インターネットが電話回線や

図1-2-2　筆者が「YouTube」を利用して作った動画デモ教材

ISDN回線を利用していた頃には、動画は重く共有に時間がかかり、簡単なことではありませんでした。「YouTube」は2005年に開設され、一般の人が動画を気軽に投稿する新しい文化を創り出しました。また、現在では一部にしか名前しか残っていませんが、「Ustream」というサービスは、リアルタイム動画配信（いわゆる生放送）を一般の人ができるようにした点で画期的なサービスでした。そして、これらの動画共有には、インターネット回線の速度と容量の向上と共に、画像や動画の保存形式の変化も関係しています。高速で大容量でデータを送れるようになったインターネット回線、そして処理速度の上がったパソコン、画像や動画の保存形式の変化がそろって、動画文化を作ってきたと言えます。そしてそれは、人々のコミュニケーションスタイルを大きく変え、教育にも影響しています。

▶オープンエデュケーションの登場

動画配信が簡単になったということは、視聴も気軽にできるようになったことを意味します。「放送大学」の英訳は、「Open University」、つまりは開かれた大学という意味です。誰もが年齢に関係なく学べることができる大学ということですが、それをもっと推し進めた考えがオープンエデュ

ケーションです。そして、このオープンエデュケーションは、ICTでより
ダイナミックになりました。

　梅田・飯吉（2010）によると、オープンエデュケーションの概念や言葉
は1960〜70年代に英米を中心に使われ始め、「学校のカリキュラムを学
年や教科、授業時間などにできる限り縛られないような柔軟性の高いもの
にすることで、子供の積極的で主体的な学びを支援しよう、というもの」
でした。そして、教師の役割の見直しや、学校や教室の物理的レイアウト
などにも影響しました。現在のオープンエデュケーションは、「主として
インターネットの登場によって可能になった新たな教育の在り方」（梅田・
飯吉 2010）で、意味合いは多少変わってきています。

　ちょっと想像してください。英語圏ではない、ある経済的に恵まれてい
ない国に生まれた高校生がいます。通っている高校のレベルは高く、政府
の援助でインターネットとパソコンが自由に使える環境です。しかし、高
校生の家庭はその国ではいわゆる中流で、貨幣価値が違うので、両親の年
収は日本円にして100万円程度。そんな彼が国にいながらにして、アメリ
カのMIT（マサチューセッツ工科大学）の合格を高校在学中にゲットし、奨
学金をもらって進学することに！　さて、そんなことが可能でしょうか？
可能だとしたら、どうやって実現したのでしょうか？

　現在、オープンエデュケーションと言えば、MOOC（Massive Open Online
Course, 大規模オンライン講義）が有名です。MOOCは、アメリカの有名大
学、例えばMITなどの講義が無料で開講されており、登録すれば誰でも
受講することができます。動画で講義を視聴し、受講生同士でオンライン
ディスカッションなどを行い、修了証も発行されます。上記のストーリー
は、モンゴルの少年の実話で、彼は、MITがMOOCで公開していた「電
子回路」を受講し、担当教授がモンゴルに天才がいる！と驚愕する成績を
修めました。この講座は、世界中から15万人以上の人が受講していたそ
うですが、満点を取れたのはたった340人、そしてモンゴルの少年もその
中の1人だったのです。

　MOOCのコースは主に、動画と演習や課題によって成り立っており、
動画講義を見て、演習したり、課題をこなします。言語は主に英語ですが、

「edX（https://www.edx.org/）」では中国語やスペイン語など他言語のコンテンツもあり、早稲田大学が日本語で講座を公開しています。これらMOOCが普及したのも、インターネットによる動画配信技術が進んだからです。インターネット環境がさほどよくない国からでも、動画の視聴が可能になり、モンゴルの少年のようにMOOCでの学びが社会的チャンスに結びつく可能も出てきました。

▶スマートフォンのアプリ

コンピュータだけでなく、携帯端末の進歩にも目を見張るものがあります。スマートフォンはパソコンと同じようにマルチタスクで（画面上では1つのことしかできませんが）、最近の学習者の中には、スマートフォンの音声入力でレポートを書く人もいます。スマートフォン用の学習アプリもたくさん開発されており、その中でも特に外国語学習アプリはものすごい数があります。皆さんのスマートフォンの中にも、いくつかアプリがダウンロードされているのではないでしょうか。

これらのアプリは、マルチメディア教材を思い出させますが、大きく違うのはアダプティブラーニング（第2章1節参照）の理論が活かされていることです。英語の単語学習用アプリでは、間違えた単語が繰り返し出題されます。これは、学習者が間違えたという履歴を利用し、学習者個人に合わせて出題するよう設計されているからです。また、アプリ学習のよいところとして、隙間時間にできることが挙げられます。電車に乗っている間や、レストランでランチが出てくる間などに学ぶことができます。これは、忙しい現代人にあった学びのスタイルと言えるのではないでしょうか。また、これらの外国語学習のアプリには自分の履歴だけでなく、同じアプリを使っている見知らぬ人と競争できるような機能もあり、似たような成績の人を仮想ライバルにしてモチベーションが維持できるような仕組みもあります。

▶SNSと学びのスタイルの変化

ICTの発達により、以前と比べ「学びに使える」無料コンテンツが莫大

に増えてきました。MOOCのようなものだけでなく、学習者が自分の経験を活かした学習サイトやアプリ、動画を作って公開することが容易になったからです。

　現代の若者にとって、SNSは自己承認意欲を満たすための重要なツールです。SNSを見ていると、「こんなことまでSNSにあげてどんな意味があるの？　何がおもしろいの？」と思うことがありますが、このような心理は外国語学習にとってはマイナス面だけではありません。学び始めた外国語を使ってSNSに投稿すれば、同じような学習者だけでなく上級話者、母語話者ともつながることができ、教科書に載っていない、そして教室ではできないリアルなやり取りが可能です。

　日本語教育で考えると、インターネット上にはたくさんの日本のアニメやドラマ、音楽番組などが各国語の字幕付きでアップされていて（ほとんどは違法ですが）、日本のポップカルチャーやサブカルチャーに興味を持っている学習者にとってはまさに宝の山でしょう。このような学習者にとっては、コツコツと積み上げていく、しかも、自分のペースでは学べない教室活動は退屈かもしれません。インターネットをうまく使って日本語能力試験のN1も独学で合格する学習者は徐々に増えており、村上（2018）は、そのような独学の達人を「冒険者」と呼んでいます。

　SNSを中心としたインターネットでは、知りたいこと、学びたいことを学習者自身が明確にわかっていれば、学校の教科書で学ぶようなことは、大体独学できると考えられます。しかし、自分が知りたいことが漠然としていることもありますし、自律的に学ぶことは多くの人にとって大変難しいことです。その証拠に、私は全く自律的な学習者ではなく、ICTを使って独学するのがとても苦手です。だから、より学びやすいICT利用教育とは何か、ということに興味があるわけです。

　とはいえ、ICTやSNSは確実に教育分野に食い込んできています。意欲の高い学習者であればあるほど、疑問に思ったことはネットで調べ、時には教師の教えたこととは違うデータを持ってくることがあるでしょう。現在は、教師自身がICTやSNSなどを理解することが求められていると思います。

3 ID（インストラクショナルデザイン）入門

　この節では、ID（インストラクショナルデザイン）を紹介します。理論的な枠組みを知ることは、新しいことを始める際のガイドラインになります。

■なぜIDの知識が必要なのか
▶ID（インストラクショナルデザイン）とは

　IDとは、インストラクショナルデザイン（Instructional Design）の略です。この言葉を聞いたことのある人は多いと思いますが、厳密にはどのように定義されるのでしょうか。ガニェ他（2007）によると、インストラクションとは、「学習を支援する目的的（purposeful）な活動を構成する事象の集合体」と定義されています。島宗（2004）では、インストラクションとは「何らかの行動を引き出すための仕掛け」であり、「インストラクションが成功するためにはそのためのデザインが不可欠である」と述べられています。IDの定義としては、「教育活動の効果・効率・魅力を高めるための手法を集大成したモデルや研究分野、またはそれらを応用して学習支援環境を実現するプロセスのことを指す」（鈴木 2005）とされ、別段ICTを利用した教育に限られるものではありません。

　注目すべきは、「ティーチング（教えること）はインストラクションの一部にすぎない」（ガニェ他 2007）という点です。

　教師あるいは研修担当者の役割は、教えること以外のさまざまなことを含む。（中略）そこで、より広範囲の意味を含むインストラクション（instruction）という言葉を用いることで、学習者を支援するためにさまざまな活動があることを強調したいと考えている。（ガニェ他 2007）

　この考え方は、自身の授業にICTを取り入れる時に特に重要だと思われます。2節でも述べたように、教師がICTを敵視するのは、教えることが奪われるという恐怖心からです。それは、教師の仕事＝「教える」と

いう枠に自分たちがとらわれているからだと言えます。ややすると、「教師」は「教えること」に注力しがちです。しかし、上記に引用したように、教師の仕事は教えること以外にもたくさんあります。**ICTの教育利用で必ずIDが出てくるのは、教えることだけでなく、どのように学習者を支援するのか、という視点が重要だからです。**

▶KKDからIDへ？

「KKDからIDへ」。これは『インストラクショナルデザインの道具箱101』（2016、北大路書房）という本の帯に書いてあるコピーです。

IDはインストラクショナルデザイン。では、KKDって何？と思いませんか。これを書店で見た時、「さすがだなあ！」と、思わず膝を叩いてしまいました。

KKDから	IDへ
（経験と勘と度胸）	（インストラクショナルデザイン）

　ベテラン教師のよい点、そして悪い点として、私は「経験で語る」ということがあると思っています。経験は確かに得難く重要です。その反面、多くのことを経験で考え解決しようとするマイナス面もあります。教育を取り巻く環境が激変している現在、経験だけでは解決できないこともたくさんあります。そうなると経験に頼っていてはどんどん身動きが取れなくなります。

　そして、「勘」。動物的な勘をもつ人もいますが、勘も通常、経験によって培われます。つまりベテランの教師は、経験と勘を頼りに授業をすることが多く、その２つがない比較的経歴の浅い教師は、度胸で乗り切る！ということです。

▶これまでの経験が活かせない！

　教育へのICT利用が進まない点にも、このKKDが関係していると考えます。日本語教師になるために教師養成講座や大学などで学んでいるたま

ご先生のころから、やがて新米教師になって教壇に立って、私たちは日々様々な経験を積んでいます。でも、先生になる前にも、実は教育の経験を積んでいることに気がつきませんか。そう、みな学習者としても学びの経験を積んでいるんです。教師は小学生から大学生まで、学校内外の様々な学びを経験しているわけですが、現在第一線で活躍している教師の多くは、自分たちが学生だった頃、ICTによる学びをほとんど経験していないと思います。ICTを利用した学びというのは、多くの教師にとって、学生としても未経験、そして教師としても未経験なことなのです。

ID以外でもよく知られているのはD・コルブの経験学習モデルです。よい教師というのは、新米教師のころから、授業を通してこのサイクルを実行していると考えられます。

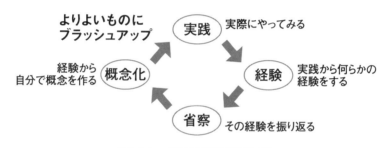

図1-3-1　コルブの経験学習モデル

ところが、ことICT利用に関しては、多くのベテランの教師もコルブの経験学習モデルを経験していません。度胸のある教師は飛び込めるけれど、そうではない教師は尻込みをして、経験していないことはわからない、できない、となりがちですが、そんな教師の助けとなるのがIDなのです。

■IDで理論的に考えよう
▶IDが目指す学びとは

鈴木他（2016）によると、IDの目指す学びには、「効果」「効率」「魅力」が必須とされています。この3つには優劣の差はなく、学習目的などに合

わせていきます。この3つは、教育提供者と学習者双方が感じるもので、どちらか片方だけが満足するものではありません。鈴木他（2016）をまとめると、以下のようになります。

効果	対象とする学習者たちがある一定の成果を出すこと 成績があがる、ある技能を身に付ける、その技能を使えるようになる
効率	「学びの場を提供する人」と「それを受ける側」の両方の立場から考えられる 時間的にも物理的にもムダや手間をかけすぎないで成果を求められるようにする
魅力	もっと学びたいと思わせる、達成感を実感させること

　この節では、IDの基本である「ARCSモデル」、「9教授事象」、そして、「メディア選択モデル」について、簡単に見ていきます。

▶IDの基本1：ARCSモデル

　ARCSモデルは、授業や教材を魅力あるものにするためのアイディアを整理する枠組みで、やる気にさせる授業・教材づくりをしたい時にどこの問題があるかを把握し、具体的に考えることができます。アメリカの教育工学者ジョン・M・ケラーにより1980年代に提唱され、学習欲を高めるためのアイディアを整理する枠組みです。「ARCS」は、「Attention（注意）」「Relevance（関連性）」「Confidence（自信）」「Satisfaction（満足感）」の頭文字を取っており、それぞれの言葉を端的に文章にすると、以下のようになります。

図1-3-2　ARCSモデルの4要因

●注意

①どのように学習者の注意をひきつけてそれを続けさせるか

　→動機付け

②学ばせたい内容にどう注意させるか→学習の観点

　好奇心が刺激されるとそのことを理解したい気持ちも刺激し、「学びたい！」という気持ちを強くすることができると考えます。また、注意を引くことにより、自然に学びに入っていくための準備を整えることができるとも考えられています。

3つの注意
1．知覚的喚起 目を覚まさせるようなもので、教材を見た時、楽しそうな、使ってみたいと思えるようなものにすることが大事です。また、教材の内容と関係のないイラストなどを使わないようにします。
2．探求心の喚起 好奇心を大切にし、教材の内容が一目でわかって、なぜだろう、どうしてそうなるのかという素朴な疑問が浮かぶようにします。何を教えるかを明らかにして、教材の内容が深いことを知らせる役割もあります。
3．変化性 マンネリにならないようにし、目次を付けるなど教材の全体の構造がわかるように作ります。学習量のバランスを考え、分量に気を付けます。

●関連性

　これは、学習者に「よい結果につながりそうだ」「やる値打ちがありそうだ」と思わせるためのものです。人は、自分がなぜ学んでいるかわからないと結果が出ないと言われているため、自分に関連付けて、「これを学べば自分はこんなことができるようになるんだな」と学習者が思えるようなものを準備します。

3つの関連性
1. 親しみやすさ 対象者が関心のある、あるいは得意な分野から例を出したり、身近な例やイラストなどで、具体性を高めます。また、今まで勉強したことや前提技能と教材の内容がどうつながるかも説明します。
2. 目的志向性 目標を目指すために、与えられた課題をただこなすのではなく、自分のものとして積極的に取り組めるようにします。教材のゴールを達成することのメリット（有用性や意義）を強調します。
3. 動機との一致 自分の得意なことや、やりやすい方法でできるような選択の幅を設け、アドバイスやヒントは、見たい人だけが見られるようにしておきます。

● 自信

　「自分にできるかな？」という不安や「自分にはできない」という決めつけをなくし、自信をつけます。何をするかわからない状態というのは不安になりやすいので、目的をはっきりさせ、やるべきことを明確にすることで、不安をなくし、「できそうだ」という気持ちにさせます。

3つの自信
1. 学習要求 最初にゴール（到達目標）を見せ、どこに向かって努力するのかを知らせます。また、学習者が今できることとできないことを明らかにし、ゴールとの違いを確かめます。
2. 成功の機会 他人と比較しないで、過去の自分と比較して進歩を確かめ、「失敗しても大丈夫」という気持ちを持つために、多くの練習の機会を作ります。
3. コントロールの個人化 自分で学習をコントロールさせる必要があり、「運がよかったから」ではなく、自分が努力したから成功したと思うような教材にします。間違っても責めるようなことを言ったり、「やってもムダだ」と学習者が思うようなコメントをしてはいけません。

● 満足感

　学習者にやってよかったと思わせるだけでなく、プライドを強化するた

めに、身に付けたことを実際に使う機会が大事です。また、教師がほめる
ことも重要です。

3つの満足感
1. 自然な結果 努力の結果がどうだったかを、目標に基づいてすぐに確認できるような機会や、それを活かす機会を作ります。
2. 肯定的な結果 困難を越えて目標を達成した学習者にプレゼントを与えます。この時、プレゼントは、ほめるという言葉での行為でかまいません。また、学んだ知識や技能の利用価値や重要性をもう一度強調します。
3. 公平さ 目標、練習問題、テストの整合性を高め、一貫性を守り、テストに練習していない問題や目標以外の問題を出しません。また、えこひいき感がないように、採点者の主観で合否を決めてはいけません。

　上記のARCSモデルのまとめは、鈴木他 (2016) より筆者がまとめました。ICTを教育に取り入れる時、ARCSモデルの4要因のどれに働きかけたいのか考えます。働きかける要因が違えば、当然ICTの取り入れ方も変わってきます。ARCSモデルの4要因を日本語教育で考えると、

注意 (Attention)：導入

関連性 (Relevance)：基本的な練習や説明

自信 (Confidence)：応用練習

満足感 (Satisfaction)：発展練習や自由会話、テスト

　に大きく分けられそうです。これはかなりおおざっぱですが、こういう風に考えると、自分がどの部分にICTを導入したいのかが見えてこないでしょうか。例えば、A（注意）に働きかけたいのであれば、動画や音声などになるかもしれません。S（満足感）に働きかけたいのであれば、従来のテストに加え、オンラインで日本人と会話する機会を設けたり、学習者が学んだことをICTを使ってアウトプットできるような使い方を考えます。また、教育にICTを利用してうまくいかなかった場合も、ARCSモデルに

照らし合わせ、教授目的と要因があっていたのかを確認し、見直しや修正ができます。

▶IDの基本２：９教授事象

次に、ガニェの９教授事象を取り上げます。**これは、授業や教材を作る時に、学習者にしっかり身に付けてもらうような順番を考えたり、提示の方法を考える時に役に立ちます。**どういう順番で、どこで、何を使うかを考えるヒントです。認知心理学の情報処理モデルに基づき、ロバート・M・ガニェが提唱しました。人の学びを支援する外側からの働きかけを９つの事象にしており、内発的動機付け・外発的動機付けや、短期記憶・長期記憶なども関連しています。

ガニェの９教授事象

			説明
導入	事象１	学習者の注意を喚起する	学習者の頭に教えることが入りやすいように、注意を引く
	事象２	学習者に目標を知らせる	目標を知らせて、学習に集中できるようにする
	事象３	前提条件を思い出させる	目標に関連するこれまでに学習したことを思いだしてもらう
情報提示	事象４	新しい事項を提示する	新しい事項（今日学ぶこと）を知らせる
	事象５	学習の指針を与える	これまで勉強して覚えている関連事項を思い出してもらう
学習活動	事象６	練習の機会をつくる	練習をする
	事象７	フィードバックを与える	練習のフィードバックをして、誤りを直す
まとめ	事象８	学習の成果を評価する	練習と区別した形で評価する
	事象９	保持と転移を高める	忘れたころに再度触れたり応用したりする復習の機会を作る

鈴木他（2016）より筆者が作成

具体的に、学習項目として形容詞過去形を教える場合を例に考えてみましょう。

導入	事象1	絵カードやレアリア、動画での導入
	事象2	モデル会話・CAN-DOリストでの学習項目の確認
	事象3	形容詞の復習（グループ分け、活用など）
情報提示	事象4	形容詞過去形の活用を見せる
	事象5	形容詞過去形の作り方（文字カード等）
学習活動	事象6	絵カードやリスニングを含む練習
	事象7	練習に対する訂正など
まとめ	事象8	ユニットテスト、作文など
	事象9	学期末テスト、スピーチ大会など

　これもまたおおざっぱな例になりますが、こんな風に考えられるかと思います。

　9教示事象の目的は、「学習の内部プロセスを支援し活性化させること」（ガニェ他 2007）です。これらの事象は、学習成果の種類に関わりなく適用できますが、「順序は変更可能であり、目標によっていくらか変化するかもしれ」ず、対象者によって教師が全面的にアレンジしたり、学習者自らが実現できることもあります（ガニェ他 2007）。

▶IDによって授業活動を意識化する

　そもそも、教育にICTを利用するのは、何かしらの授業の問題を解決したり、授業をよりよくするためです。ですから、授業に問題がなければ無理にICTを取り入れる必要はないとも言えます。しかし、時代は変わり、自分はICT利用に積極的ではないとしても、勤務先の学校などからICTを使ってくれという要請があることも考えられます。その時には、どうしたらいいのでしょうか。

　この節の最初に、KKDの話をしました。教師は、経験を積んで長く担当している授業であれば、教室内の活動1つ1つを考えなくとも、スムーズに授業を行うことができるようになっています。教育にICTを利用したい場合、どういう目的によりICTを使うのか、それを明確にし、目的や目標に合わせたICTを取捨選択しなければなりません。そのためには、

慣れ親しんでいる教室活動を「ARCSモデル」や「9教授事象」に照らし合わせ、再構築する必要があります。

　これまでの教育へのICT利用に関する先行研究や書籍などは、システムや技術中心のものが多く、どういう目的からどのような利用を選ぶという視点が欠けていたように思います。**ICTを自身の授業に取り入れる場合、まず、自分の授業を紹介したIDのモデルなどで分析しましょう。そして、問題点や改善したいところを明らかにします。そして、その問題や改善にはどのようにICTを使えばいいのか、手法やシステム、アプリなどを探していくのがいいと思います。**

▶IDの基本3：メディア選択モデル

　最後に、教育にICTを取り入れる際に手法やシステムをどのように選ぶかという視点から、「メディア選択モデル」について簡単に述べたいと思います。鈴木他（2016）によるムーア＆カースリー（2004）からの抜粋によると、適切なメディアを見極めるためには、以下の4つの手順が必要です。

1. 教育の目的や学習活動に必要なメディア特性を見きわめる
2. あるメディアを好んだり、拒否したりする学習者の特徴を見きわめる
3. あるメディアを好んだり、拒否したりする学習環境の特性を見きわめる
4. あるメディアの実行可能性を左右する経済的、組織的な条件を見きわめる

　例えば、日本語学校で考えてみましょう。中には、学習者全員にタブレットPCを配布しているような日本語学校があり、そのような場合、学内の通信環境もWi-Fiが準備され学習者が自由にアクセスできるようになっています。しかしその一方で、教員室にしかパソコンがなく、それも教師全員が使える台数がないという学校もまだあると思います。設備が

整っていない学校ではICT利用教育ができないということではなく、そのような制限がある場合、どのような手法やシステムを選ぶべきか、学習者の視点に立って考えることが重要です。同様に、学習者のICTの好みという問題も無視できません。若い世代は国を問わずSNSが好きな人が多いですが、それでも全員がSNSを活発に利用しているとは言えません。

　現在のところ、教師は様々な制約を考えてICT利用を進める必要があります。**学校を説得するにしろ、学習者に満足してもらうにしろ、やりたいという熱意だけではなく、理論武装も必要です。IDは、教育へのICT利用の企画と実践だけでなく、上記のような場合にも役に立ちます。**

4 語学教育でよく使われるICT

　コンピュータやインターネットには膨大な機能やサービスがあります。私たちが普段使っているのは、その星の数ほどあるもののごく一部です。自分自身の日常生活や仕事などでは、必要なものを選んで使っています。例えば、経理担当者は給与計算ソフトを使っている場合が多いと思いますが、担当していない場合は、見たこともないという人も多いでしょう。

　語学教育にも、よく使われるICTというものがあります。コンピュータに最初から入っているものから、組織的に運用するものまで、現在語学教育でよく使われているICTについて概観し、それぞれについて簡単に概要を説明します。

語学教育でよく使われているICT

- プレゼンテーション資料
- 動画
- オンラインドリルやテスト
- SNS
- Googleのクラウド共有システム
- web会議システム
- LMS (Learning Management System)
- ポータルサイト
- 学習支援サイト
- QRコード

　中には、私たちが日常的に使っているものもありますし、初めて聞くものもあるかもしれません。では、これらはどのように教育で利用されているのでしょうか。

▶プレゼンテーション資料

「PowerPoint」などで作るプレゼンテーション資料は、現在板書に代わるものとして、一般的に使われています。**教師が簡単に見栄えのいい資料を作ることができますし、事前に作っておくため、作成過程が授業運営のリハーサル的な働きをします。また、その場で消してしまう板書と違い、修正や改良して使い回しができるのも便利です。**

その反面、事前に作り込んでおかなくてはならず、その場で修正するのは板書と比べると少し手間がかかるというデメリットもあります。

プレゼンテーション資料は、事前に作り込みが必要で、投影の際にはプレゼンテーション画面にします。板書のようにその場で内容を追加したり書き直したりするには、プレゼンテーション画面から編集画面にしないとならないため、授業が一度中断してしまいます。しかし、例えば電子黒板やホワイトボードに投影すると、プレゼンテーション資料と板書を組み合わせて、流れのよい授業が可能になります。

また、パソコンで作成するいわゆるデジタル形式のファイルなのでオンライン上で学習者と共有するのも簡単で、事前学習や復習用として公開すると、学習者にとっても有益です。もう1つ、音声を入れて動画にしたり、URLを埋め込んだりすることもできるので、そのままeラーニングの教材として使うことができ、汎用性が高いです。実は、現在のeラーニング教材、特に動画の解説部分の多くは、プレゼンテーションソフトで作られています。見やすいプレゼンテーション資料を作れると、そのままeラーニングの動画教材にもできるというのは、一石二鳥だと思います。

▶動画

反転授業で注目されている動画教材です。少し前にweb開発関係の仕事をしている方と話した時に聞いたのですが、これからのウェブサイトは動画が中心になり最終的には全情報の80%程度が動画になるという予測があるそうです。それほどに動画は一般的になっていて、学習者の暇つぶしに楽しむメディアも、かなり動画が多くなってきていますね。

また、スマートフォンやタブレットの発達と普及により、動画を撮影す

るというのもかなり手軽になっています。私は大学のゼミで「大学生の感覚で作る"日本語学習者にちょっと役に立つ"動画」というのを課題としているのですが、技術指導をしなくてもかなり凝った動画をゼミ生たちだけで作ることができます。「プレゼンテーション資料」のところでも述べましたが、普段使っているプレゼンテーションソフトを使って動画を作ることもあまり難しくありません。

　個人的には、本を「読む」ということは大切だと思いますが、本を「聞く」という人も増えているようですし、これから動画はますます学びのインプットで重要になってくると思われます。**動画の場合、「視覚＋聴覚」で、2つのスキルを利用して学べるという利点もあります。特にプレゼンテーション資料で動画を作った場合は、「文字を読む＋音声を聞く」という2技能に働きかけることができるというわけです。**

　ただし、作成にあたり、情報量のバランスと音には気をつけましょう。画面上に余計なものがたくさん映っていると、学習者の気がそちらに取られてしまいます。また、特に語学教育で利用する場合、発話がクリアに聞こえることが大前提です。現在、スマートフォンやタブレットに取り付けられる集音マイクなども安価なものがありますので、そういうものを使うなど多少の工夫が必要です。

▶オンラインドリルやテスト

　オンラインドリルやテストというと作るのが難しそうですが、最近では、「Quizlet」や「Kahoot!」といった無料で使える専用アプリ（サイト）や「Googleフォーム」はアンケート作成のためのものですが、テスト機能も標準で装備されているので、それほど敷居は高くありません（第3章2節参照）。練習形式も、択一式だけでなく、組み合わせ、入力などいくつかから選べます。ものによっては入力した問題を違う形式で出題したりすることもできます。一度作ったものは異なる学習者に使うことができますし、追加修正するのも簡単。オンラインテストの場合は、採点から集計まで自動で行われますので、教師の採点の手間が省かれます。

　また、学習者側はスマートフォンで解答できるので、電車に乗っている

間などの隙間時間を利用して練習することができます。紙の練習問題と違ってその場で解答を表示し、フィードバックすることも可能です。ゲーム感覚で練習できる点も、今時の学習者に合っていると思います。

その反面、問題の数が少なかったり練習形式がワンパターンだと、学習者はすぐに飽きてしまいます。また、オンラインテストの場合、記述式の問題は一字一句解答と同じでないと間違いと判定されてしまうため、学習者に自由記述させたい問題には適していません。

オンラインドリルやテストは、教師が作ったものを学習者に練習させるという従来のやり方だけでなく、学習者が自分で練習を作りそれを学習者間で共有するという使い方が楽しいなと最近は感じています。

▶SNS

「Facebook」や「Twitter」、「Instagram」、「LINE」といったSNSは、特に海外で日本語を教えている先生の間で、日本語学習によく取り入れられているツールです。様々なSNSが若者だけでなく幅広い年齢で日常的に使われるようになってきているので、周囲に日本語環境のない学習者が日本語を使って様々な人と交流する場を作れるのが大きな魅力です。**単に学習者が一方的に何かを発信するだけでなく、コメントをもらうなど双方向のやり取りが可能で、文字テキストだけでなく、音声や動画による発信もできます。**

中には、個人のSNS利用と仕事は分けて考えたい先生がいると思います。SNSによっては、非公開グループを設定する機能があります。そのような機能を使うと、参加者を限定することができますし、フォローし合わなくてもコミュニティに参加することが可能です。

しかし、若年層がSNSと親和性が高いと言っても、学習者全員が同一のSNSを使っているとは限りません。心理的抵抗のある学習者にSNSを強制しても、学びの効果としてどうなのか。また、SNSによっては利用できる・できない国があるといった制約もあるので、学習者の様子を見ながら取り入れることが大事です。

▶Googleのクラウド共有システム

Googleは無料で便利なクラウドシステムを色々提供しています。その中で、教育でよく利用されているのが、「Googleドキュメント」、「Googleスプレッドシート」、「Googleフォーム」、そして「Google Jamboard」です。「ドキュメント」は「Word」、「スプレッドシート」は「Excel」のような作りになっていて、似た機能を持っています。「フォーム」はアンケートが作れます。

「ドキュメント」と「スプレッドシート」はワープロソフトや表計算ソフトと用途も似ていますが、**大きな特徴は、ファイルを共有し複数の人が同時にアクセスし編集できることです。**また、同時にアクセスしなくても**ファイルを共有できるので、学習者間のピアチェック活動に使ったり、クラス内で共有が必要な情報を、教師だけでなく学習者が追加することが可能です。**

「フォーム」は、アンケート作成のためのサービスですが、オンラインドリルやテストとしても利用することが可能です。答えは自動集計でき、「スプレッドシート」に書き出すこともできるので、学習結果の管理もとても簡単です。

付せんにキーワードを書いて、対面授業のグループディスカッションやアイディア出しなどをすることがあると思います。「Google Jamboard」は、そのような付せんを使った活動をオンラインでできるものです。

▶web会議システム

第1章2節でも触れましたが、インターネットの発達で、最も進歩し便利になったことの1つが、このweb会議システムではないでしょうか。例えば、私は1990年代後半にエジプトのカイロに遊学していました。その時、国際電話をかけるのも家からはかけられず、電話局に行ったり、回線を貸す店に行ったりとなかなか面倒くさかったのですが、現在ではスマートフォンさえあれば、電話どころか世界中の人と顔を見ながら話すことができます。また、基本的な通話であれば、無料でサービスが使えるものがほとんどです。

web会議システムは、パソコンやスマートフォンを使って、遠隔地にいる人と対面で通信できるシステムです。専用のソフトやアプリを使って通信するものとwebブラウザを通して通信できるものがあります。代表的なものとしては、無料であれば「Skype」など、「LINE」や「Facebook」といったSNSで提供しているものもあります。また、有料のものでは「Zoom」（無料版もあり）、「V-CUBE」などがあり、目的や用途によって、どのシステムを使うかを選べます。

単に双方を映すだけのシンプルなシステムから、用途や目的によって、ファイルを共有したりホワイトボードで書き込みができるものなど、無料のものから有料のものまで色々なシステムから選ぶことができます。語学学習では、「Skype」や「Zoom」を使うレッスンが多いようです。

外国語教育では、アウトプット練習を目的に、学習言語による交流などがよく行われています。例えば、海外で日本語学習者と日本語母語話者を交流させたい場合、学内の日本人留学生や、周囲に住んでいる日本人在住者に声をかけてクラスに来てもらうというのが主流だったと思います。ゲストがいつも同じ人である、ゲストが集まらないという悩みをよく聞きますが、**web会議システムを使えば、現地にいない日本人と交流の機会を持つことができます。そして、毎回違うゲストと話すことも可能です。**

しかし、現在ではまだ国によって回線状況が違うため、タイムラグや音声の途切れなどがあり、会話自体がストレスになるというケースもなくはありません。また、授業に取り入れる場合は、何のために顔を見て話すのか目的を明確にしないと、「話しておしまい」になってしまう可能性があります。このシステムを使ったオンライン英会話のレッスンの笑い話として、毎回違う先生が担当するので、いつも自己紹介だけで授業が終わってしまう、というものがあります。これは極端な例ですが、「楽しく話せた」で終わらない利用を心がけることが大切です。

▶LMS (Learning Management System)

名前の通り、eラーニングでの学習を管理するためのシステムで、インターネット上にある学校のようなものをイメージしてください。学習者を

登録することで、それぞれの学習履歴が管理できます。LMSに学習者として
ログインした時から、何をどれくらい学習したかが記録されます。代
表的なものとして、「Moodle」、「Blackboard」などがあります。

　LMSには様々な機能があり、その中でプレゼンテーション資料を配布
したり、練習をしたり、テストをしたり、テキストでの交流などができま
す。LMSでは、全てをオンライン上で学ぶeラーニングコースを立ち上
げることができます

　そもそも、LMSはどのようなものなのでしょうか。よく知らないと、
イメージしにくいかもしれませんね。「Moodle」は無料で使えるLMSな
ので、時々、「Moodle」で何かをしてみたいと相談されることがあります。
しかし、「Moodle」をどのように使うのか、中身が大事なんです。

　LMSについて、私がよくたとえるイメージは学校施設です。学校に教
室があっても、教師が教える準備をしていないと授業になりません。
LMSも同様です。学校の建物に様々な施設、例えば教室に黒板やホワイ
トボード、椅子と机、実験室や体育館などの特別教室があるように、
LMSには通常、オンラインドリルやテストを作れる機能が組み込まれて
います。そのため他のソフトやシステムがなくても、LMSの中で練習や
テストを作ることができます。しかし、練習やテストの問題は自分で別途
用意しなくてはならないですし、動画が必要な場合はそれも作っておかな
いとなりません。立派な箱があっても中身の学習コンテンツがなければ意
味がない。それが、LMSです。

　以前のLMSは、通常組織単位で導入することが多かったのですが、現
在ではAPS（Application Service Provider、アプリケーションサービス提供事
業者）もあり、ユーザー単位でLMSを構築できるサービスもあります。な
お、「Google Classroom」も、LMSの一種と言えます。**LMSの利用には、**
「（システム）管理者」「教師」「学習者」「ゲスト」のような区別があり、学習
者は、通常所属しているクラスや学校などで登録されたコースを学びま
す。教師は、コースを作って学習者に学習コンテンツを提供することがで
きます。もし、ご自身の所属している教育機関がLMSを使っている場合、
ブレンディッドラーニング（第2章2節参照）でも、それを使うのがいいと

思います。まず、学習者がLMSのIDやパスワードを持っており、使い慣れている可能性があること、次に、教師が使い方などがわからない場合、質問できる人が学内にいるからです。LMSにはたくさんの機能がありますが、その一部を使うことも可能です。最初に資料をアップロードして配布するところから始めるなど、段階を踏んで利用を拡大していくと自身も使い方を学べていいと思います。

▶ポータルサイト

最近では、学習者用ポータルサイトを使っている教育機関があります。ポータルサイトでは、学習者に一斉に情報などを知らせたり、出席や成績を管理したりできますが、このようなポータルサイトも、使い方次第ではブレンディッドラーニングに利用できます。例えば、資料を配布する、動画やオンラインドリルのURLを共有する、掲示板として意見交換するなどです。

▶学習支援サイト

現在、研究者が研究成果を基に開発した学習支援サイトがいくつか公開されています。専門的な知識と研究が活かされたもので、信頼性も高く、学習者に安心して使用してもらうことができます。

▶QRコード

SNSのID交換などで広く使われているQRコードは、学習者にオンライン上の資料を配布する際などにとても便利です。学習者のスマートフォンから直接アクセスできるため、授業中にプロジェクターでQRコードを投影して、その場で資料を確認してもらったりしています。インターネット上にはURLなどからQRコードを作れる無料サイトがあるので、誰でも簡単にQRコードを発行することができます。また、URLだけでなくメールアドレスや文字列などもQRコードになるので、様々な用途に使えます。

ICTというと身構える人もいると思いますが、現在では日常生活でICTを便利に使っていると思います。その便利さを授業にも取り入れるくらいの気持ちで、最初はやってみるのがいいのではないでしょうか。

　しかし、何でも使えばいいというわけではないので、目的にあったICT利用があることを知ることが大事です。そのために、教育にはどのようなICTがよく使われているのか、その概要を知っておくだけで、導入しやすくなるでしょう。将来的には、これらを目的に合わせて適切に導入できるようになるのが理想です。

5 ICTに得意なこと、不得意なこと

■外国語教師という仕事は生き残れるのか

少し前に「10年後になくなる職業」という話題が衝撃を持って伝えられました（現在では、信ぴょう性に問題があるという声もあります）。それを見て、ちょっと安心した外国語教師の方も多かったのではないでしょうか。なぜなら、外国語教師は10年後もなくならないだろうと予想されていたからです。でも、それは本当でしょうか？　この章の最後は、これからの外国語教育者の姿について、ICTを通して考えていきます。

■プログラミングとデータありきのICT

よく、「コンピュータを使えばもっと簡単に授業準備ができると思ったのに、むしろ準備が大変で時間がかかる……」と、ICTを取り入れはじめたばかりの先生に嘆かれます。多くの人は日常生活や事務仕事などでICTを使っており、便利だと思うから授業にも取り入れてみようと思うわけですが、そう簡単にはいきません。では、なぜ事務仕事などでは便利なのに、授業準備などでは便利ではないのでしょうか。それは、コンピュータの基本的な仕組みによります。コンピュータに代表されるIT機器やアプリは、プログラミングされたことしかできない。そして、データを元に動くということです。

例として、パン屋の自動認識システムで考えてみましょう。書画カメラのような機器にパンなどを乗せると、システムが自動的にパンを認識して、レジの人がキャッシャーに値段を打ち込まなくてもお会計ができるというシステムです。事前にパンの形状などをデータとしてシステムに取り込んであり、それを参照している比較的シンプルなシステムです。ただし、新製品が発売されたらシステムに登録しないとなりませんし、既存製品の形状が変わったら、これも登録し直さなければなりません。このように、使う前にプログラムを設定し、参照するためなどのデータが必要なのがコンピュータです。給与計算ソフトや確定申告用のソフトのように、業種や

職種に特化したシステムは、利用者が多ければ多いほど開発されますし、使われることによって機能や精度も向上していきます。

第1章4節で取り上げたLMSの「Moodle」を利用している人は多いかもしれません。「Moodle」は無料公開されていますが、たくさんのアドインと言われる追加機能があります。どれも、「自分はこういうのが欲しい」、「これがあると便利」と思ったものを「Moodle」で使えるように誰かが開発し公開しているのです。私のようなプログラミング技術のない者は、このように誰かが開発して公開しているシステムを使うしかありません。なので、コンピュータを使っても自分のやりたいことができない！ということが起こるわけです。

■ICTが得意なこと

それでは、ICTの得意なことにはどのようなものがあるのでしょうか。色々な視点があると思いますが、一般ユーザー、そして外国語教師としての視点から思う点をいくつかあげます。

▶得意分野1　物理的距離や空間を超えてつながる

物理的距離や空間的制限を越えられること、私はこれがICTの一番大きな得意技ではないかと思っています。

遠く離れた家族や友だちはもちろん、様々な人とICTを通じて、しかも安価につながることができる。これには危険性もありますが、気をつければ、外国語学習にとっても教育者にとっても便利で有益です。母国語環境の中での外国語学習の難しさの1つに、学んだことを実際に使う機会が少ないということがあります。また、学びたいことがあるけれども、通えるところに学校や教育機関がない場合もあるでしょう。このような時、物理的距離や空間を越えられるICTを活用すれば、これまでにない学びの可能性を広げることができます。

▶得意分野2　情報の保存と共有

情報の保存と共有というと、ずいぶん長い間紙ベースが一般的でした。

本などは大量出版できたくさんの人が同時に見ることができますが、手元にない本は参照することができず、購入したり図書館に行ったりする必要がありました。仕事などで資料をコピーすることは今でも多いですが、人数や資料の枚数が多い場合、コピーもなかなか大変です。しかし、IT化によりペーパーレスが広まってきました。データの保存形式や保存先が増え利便性が高くなり、クラウドのストレージを使っての情報共有が普及して、1つのファイルを共有して作業することなども簡単です。

デジタルでの情報の共有でもう1つ便利になったのは、保存の形式を問わなくなったことと、情報量の大きいものも共有できるようになったことです。音声や動画も、オンライン上でテキストファイルと同様に共有できます。また、共有できる情報量も1995年頃に比べると格段に大きくなっています。ダウンロードも素早くできるようになりました。このような情報共有技術の向上が、反転授業のような授業形式の一般化を後押ししています。

また、情報をデジタル化して広く共有することは、様々なところで活用されています。例えば、図書館や博物館、美術館などに所蔵されている希少本や所蔵品などがデジタル化されアーカイブ化されています。これまでその場所に行ってしか見られなかったような貴重な資料が、家にいながらにして閲覧できるようになりました。テレビ局が昔の番組をデジタル化して公開もしています。情報のデジタル化と共有により、授業に活用できる資料もどんどん増えてくることでしょう。

■ICTが不得意なこと
▶不得意分野　臨機応変な対応

では、逆にICTが苦手なことはどんなことでしょうか。これはもう、すぐに思いつくかと思いますが、コンピュータはプログラミングされたことはできますが、臨機応変に対応することができません。状況や人を見て、個別に対応することができないのです。オンラインテストで、解答の正誤によって問題が変化するというものがあります。実は、このようなテストの裏にはきちんとプログラミングされたシステムが動いていて、そのシス

テムはそんなに簡単に作れるというものではありません。

最近よく聞く人工知能AI（Artificial Intelligence）は、「IT用語辞典e-Words」によると、「人間にしかできなかったような高度に知的な作業や判断をコンピュータを中心とする人工的なシステムにより行えるようにしたもの」だそうです。現在のところでは、AIは、コンピュータが人間のように状況に応じて適切に判断し、何かを行うことを目的としているように私は思います。

　AIというと、チェスや将棋などで人間のプロと戦いAIが勝つ、というのを思い浮かべる人が多いでしょう。現在のAIの強さは、ディープラーニングの開発と進歩の成果です。以前は、これまでの対戦を人がコンピュータにインプットし、コンピュータはその情報を参照して次の手を打っていたのですが、ディープラーニングにより、AIは情報を参照するだけでなく、自らその対戦記録を学び、新たな手を考えることができるようになったので、AIが人間に勝てるようになりました。

　しかし、ここで考えてください。将棋やチェスのAIが開発されたのはどうしてでしょうか。1つの大きな理由に、これまでの対戦記録がきちんと残っている、つまり膨大なデータがあることが挙げられます。また、将棋やチェスはルールも厳密です。ではもし、AI教師を作るとしたら、どうでしょうか。そもそも、AI自身が学ぶ（ディープラーニング）ためのデータはあるのか、ということが問題になりますね。データは、教師だけでなく学習者のデータも必要ですが、同じ科目を教えるとしても、学習者の反応はいつも同じではありません。そう考えると、AIに学ばせるためにどれだけのデータが必要なのか、ちょっと想像がつきません。

▶人間の教師だからできること

　教育の中で無視できないことに、人の心の動き、特に学習者の心の動きがあります。教師はプロとして授業に感情を持ち込まないように努めていると思いますが、正直に言って教えにくいクラスや苦手な学習者もいるでしょう。でも、教師はそれを表には出しません。一方、学習者はそうではないですね。課題が多ければ文句も言いますし、アルバイトが大変なら勉

強に身が入りません。グループのメンバーとうまくいかないこともあります。教室で教師は、学習者の日々の様子を見て、単に教科を教えるだけでなく、鼓舞したりお尻を叩いたり、気持ちに寄り添ったり気持ちをそらせたりして、学習者の気持ちが学びに向かうように調整しています。

　第1章1節で述べたように、教科の内容を情報と考えるなら、情報を伝達するだけのAI教師の登場はそう遠くない未来に実現化するでしょう。しかし、授業内でのアクティブな活動が求められている現在、AI教師がクラス活動を調整する、もしくはファシリテーションするのは、そう簡単なことではなさそうです。未来の教師に求められるのはどのようなスキルなのか。AI教師にできないことは何なのか。教師の役割はICTにより変わっていくことは間違いありません。そのための準備が必要です！

> コラム

教育、研究、ビジネスのブレンディッドライフ
——私のeラーニング遍歴——

篠﨑大司

はじめに

　本稿では、私のeラーニングとの出会いから現在までを辿りながら、その時々で感じたことや学んだことを綴ります。何かの参考になれば幸いです。

1　最初はずぶの素人だった——eラーニングを始めたころ

　日本国内におけるeラーニング元年と言われる2000年、私は静岡の日本語学校から別府大学に赴任しました。その時はeラーニングなど聞いたことすらなく、学内での日本語教育研究センターと日本語教員養成課程の立ち上げに奔走していました。

　私がeラーニングに取り組むようになったのは、2007年ごろでした。その頃「大分という地方在住で、どうやって自分の知名度を上げていったらいいか」と考え、「まずは、自分のメディアを持って情報発信をしなければ」と思い、メールマガジン（以下、メルマガ）とサイトを立ち上げました。活動を始めたばかりの頃の私のICTの知識はゼロ。書籍やネット記事を読んだり、人に聞いたりしながらほぼ独学で知識やスキルを身につけていきました。当時はサイトの文字色を変えるだけでも大騒ぎ。自分で選んだ道ながら日々砂を嚙むような思いでしたが、その度に「明けない夜はない。夜明け前が一番暗い」と唱えて自らを奮起させました。今思えば、後々eラーニング教育研究に進むことができたのも、10年後にICTビジネスで起業できたのも、その時の経験があったからです。

　時期を同じくして勤務大学全体でeラーニングに取り組む動きが生まれました。まずは学内教員数名でチームを作り、当時サイバー大学申請中だった韓国の提携大学に数日間のeラーニングコンテンツ開発

研修に行きました。研修は非常に充実したもので、朝から晩まで現地スタッフから多くのことを学びました。彼らと食べた韓国式ジャージャー麺の味は今も忘れられません。

　韓国缶詰研修から帰ると、大学はメディア教育研究センターを立ち上げ、学習管理システム「Moodle」を導入しました。試しに私も日本語の4択問題を10問ほど作り解いてもみました。「なるほど！こう作ればいいのか！」。ところが、時間と手間をかけて作った10問もほんの1分足らずで解き終わってしまいます。「授業を成立させるのにどれだけ問題を作ればいいんだろう」。パソコンの前でしばらく呆然。ただその一方で、「これほど大変なら誰もやるまい。これこそ最高の参入障壁。絶対イケる」とも感じました。事実、当時超アナログだった日本語教育界は、興味は示しても自ら開発に携わろうという人はほとんどいませんでした。私はこの未開の荒野のど真ん中にフラグを立てると決めたのです。

2　現代版巌窟王
——eラーニングコンテンツ開発に明け暮れた日々

　そこで最初に開発したのが、「上級日本語読解」というJLPT-N1対策のための読解コンテンツでした。読解素材を収集し、著作権者に使用の許可を取り、足りない問題はスタッフと手分けして書き下ろしの文章を作成し、問題に加工して「Moodle」上にアップしていきました。「開発のために5〜6年棒に振っても構わない。1つ開発したらこっちのもの。どうせ誰もやらないんだから」。そう自分に言い聞かせながら開発を進めました。ブレンディッドラーニングに出会ったのもこの頃です。当時、MOOCの出現によりオンライン学習が注目を集めていました。MOOCは一世を風靡しましたが、同時に修了率の低さも指摘されていました。そこから私は「人の心は完全独学で完遂できるほど強くない。オンラインによる効率性とオフラインによる人的つながりを合わせ持たなければ継続的な学習は成立しない」と確信し、ブレンディッドラーニングに傾倒していきました。

　その後、JLPT-N1文法対策のための「上級日本語文法」、同「聴解」、同「文字・語彙」を開発し、その成果を学会や研究会で発表しました。

また、日本語教育能力検定試験対策eラーニングコンテンツも開発しました。当時の私は土日祝日休みなし、盆と正月以外はひたすら研究室にこもってコンテンツ開発に明け暮れる、そんな日々が5〜6年続きました。自称巌窟王。傍目から見れば完全ブラックですが、人生の一時期、死に物狂いで働く経験がなければ、一生モノのスキルや知識は身につきません。要は当人の意識・覚悟の問題です。本著者の藤本さんとドイツのシンポジウムをご一緒させていただいたのは、その年季奉公からようやく解放された頃でした。

　現在、大学の授業では自ら開発したeラーニングコンテンツを使って授業をしています。コンテンツを極限まで充実させていますので、日々の授業準備はほぼゼロ。定期試験も「Moodle」上で行います。例えば、「上級日本語文法」であれば中間・期末試験ともに60分150問。試験終了と同時に採点終了。受講生が10人だろうが100人だろうが一瞬です。あとは試験結果を「Excel」でダウンロードし、それを見ながらゆっくり成績評価を出せば完了です。

3　教室から飛び出せ！──研究からビジネスへ

　私がeラーニングを選んだ大きな理由は、教育と研究とビジネスを一体化することができるからです。充実したeラーニングコースを授業で使えば、クオリティを下げることなく授業準備を限りなく0に近づけることができます。そして、その結果を論文にまとめれば研究業績に、さらにコンテンツを販売すればビジネスに繋がります。私は学生の頃から「研究はあくまで世の中をよくするための手段。自分の専門で事業（＝社会貢献）の1つもできなければ専門家とは言えない」と思っていましたので、抵抗感なくビジネスに入ることができました。

　最初はJLPT-N1対策eラーニングの販売を始めました。メルマガで集客し、サイトに誘導し、クロージングする。しかし、これがまったく軌道に乗りませんでした。私自身のビジネスに対するスキルや知識が未熟だったのと、いくら文字情報で説明しても、学習者にとって第二言語である日本語では訴求力が弱かったからです。そこで方針転換し、日本語教育能力検定試験対策eコンテンツの販売に注力しました。当時の日本語教師の一般的なICTスキルは、IDとパスワードの入力す

らおぼつかないレベルでしたので、あえて「Moodle」は使わず、講義資料（PDF）をメールで定期配信する形をとりました。1年目2011年の年商はたったの47,880円。その後、サービスを増やしたり、価格を改定したりしながら、毎年前年比2.5倍強の売上増を実現していきました。

　そして、その日がやってきました。2018年12月、「株式会社篠研」を立ち上げました。おかげさまで、大学職のかたわら、利用者から日々感謝と喜びの声を頂きながら対価を頂くという充実した毎日を送っています。

　かつて高等教育では「産学連携」が叫ばれていました。そして今は社会経験のある実務家教員が求められています。つまり、自分の専門でビジネスの1つもできなければ専門家として説得力を持たないのです。二宮尊徳翁の言葉に「道徳なき経済は罪悪。経済なき道徳は寝言」というのがあります。道徳と経済、両者をバランスよくブレンドしながら、篠研は今後も活動を続けていきます。

篠﨑 大司（しのざき だいし）

1971年生まれ。愛媛県出身。広島大学大学院日本語教育学研究科卒（教育学修士）。現在、別府大学文学部国際言語・文化学科准教授。株式会社篠研代表取締役。研究テーマは、日本語教育学、特に、オンライン教育とオフライン教育を融合したブレンディッドラーニング。

第**2**章

授業デザインから考える
ICTを使った教授法

　ICTは授業を改善するだけでなく、新しい授業デザインとしても
取り入れられます。この章では、語学の学びでよくみられる手法
について概観します。大枠がわかれば、自分流にアレンジするこ
とも可能に。自分の授業によりあった方法を考えられるようにな
ります。

1 反転授業 ── 授業内の活動時間が足りないあなたへ

■解消される授業の悩み

- 導入などにどうしても時間がかかってしまい、その結果、クラスが単調になる。
- 学習者の口頭も含めた産出活動が少ない。
- 教室の中でもう少し学習者1人1人と向き合いたい。
- 活動のアイディアはあるのに、時間が足りない。

■反転授業とは

　ある程度教師の裁量に任された授業で、「時間があれば、もっと実用的な／楽しい／アクティブな活動を授業でしたいのに……」と、担当者が思うことは少なくないと思います。導入や単純練習に時間を取られてしまい、本来大事な産出活動に十分な時間が取れない。そんな時に有効なのが、反転授業です。また、反転授業はアダプティブラーニング（Adaptive Learning、AL、適応学習）にも向いています。教師が教室で学習者1人1人と向き合いたい時にも、お勧めな方法です。

　反転授業とは、「説明型の講義など基本的な学習を宿題として授業前に行い、個別指導やプロジェクト学習など知識の定着や応用力の育成に必要な学習を授業中に行う教育方法」（バーグマン＆サムズ2014、「序文」より）です。同書によると、2000年代後半からアメリカの中等教育を中心に広まり始め、徐々に高等教育にも取り入れられるようになりました。次節で紹介するブレンディッドラーニングの下位分類に当たるもので、授業の一部にICTを取り入れています。

　日本では、反転授業というとアクティブラーニングとの結びつきが強く、教室活動ではプロジェクトワークなどの協働学習をするイメージが強いですが、目的によって2つの方法があります。「完全習得学習型」と「高次能力学習型」です。ざっくり分けると下記のようになります。

反転授業　2つの方法

	目的・目標	導入例 （日本語教育の場合）	動画と 授業の関わり	授業活動
完全習得 学習型	学習者全員が一定の知識を一定レベル習得すること	文法や文字語彙など、学習者が自分で覚えないとならない項目があるもの	動画視聴後確認テストなどを行い、学習者個別の評価を行い、それを元にクラス内で個別対応することが多い	アダプティブラーニング
高次能力 学習型	基礎知識を元に、より高度な能力を身に付けること	読解・作文・討論・問題解決などグループワーク、ディスカッション	動画を元に、分析・統合・評価のような高次な課題を行う	アクティブラーニング

バーグマン＆サムズ（2014）より筆者が作成

　ただし、この表だけが全てではありません。完全習得型学習でも、アクティブラーニングを取り入れるケースは多いです。授業活動は学習目標を達成するためのものですから、目的・目標に合わせて考えていくべきであり、教師の工夫の見せどころです。教室活動については、別途後述します。

■反転授業で必要なICT

　反転授業では、どのようにICTを使うか。それはずばり、**事前学習用教材をオンラインコンテンツにすること**です。初期の反転授業では、このオンラインコンテンツは、動画に限定されていました。反転授業は動画配信技術や「YouTube」を代表する動画発信サイトの発展と重なっており、動画を簡単に配信できるようになったからです。そもそも、アメリカの中等教育で反転授業が広まった背景には、2006年に設立された「カーン・アカデミー」の存在があります。設立者のサルマン・カーン氏はIT技術者でしたが、仕事の合間にいとこの家庭教師をしていました。その中で動画を使うことの有効性に気がつき、オリジナルの教育動画を「YouTube」で一般公開したことが、「カーン・アカデミー」の始まりです。教育に特化した非営利団体になり、現在ではサイトは36言語、数学、理科、経済などの教科の動画は65言語に翻訳され、世界に向けて公開されています。

　次に紹介するように、動画作成が以前よりも簡単にできるようになった

こともあり、ニーズに合わせて自分で動画を作成している教師も増えています。

■動画作成について

スマートフォンやタブレットPCの普及、そしてコンピュータの機能向上で、教師が自分で動画を作るのも、昔ほどお金も時間もスキルもかからなくなりました。最も簡単な方法は、ホワイトボードを前に導入などの模擬演習をして、それを録画するという方法です。これなら編集もあまり必要ありませんし、PC操作が得意でない先生でもすぐに取り入れられます。

また、皆さんがプレゼンテーションや授業資料として使っているMicrosoft社の「PowerPoint」でも、プレゼンテーション資料を利用して動画を作ることができます。反転授業のための動画や確認テストも作れる「Camtasia」というソフトは、3万円弱で購入できます。アップル社のMacでも、標準装備されている「iMovie」や「QuickTime」で音声付きの動画を作ることができます。このように動画作成に関しては、ずいぶん安く簡便に作れるようになりました。

■動画以外の事前学習用教材

そうは言っても、動画の自作はハードルが高い……と思う人も多いでしょう。そこで最近では、**動画にこだわらず、何らかの形で事前学習教材をオンライン上で学習者に配布するというのも、反転授業として考えられるようになってきました**。例えば、教師が作ったプリントデータなどプレゼンテーション資料をオンラインで共有し、全員が読んでくる。ポイントは、**紙の資料ではなくデジタル資料を配布する**という点でしょうか。これなら、すぐにでも導入できそうですね。

▶事前学習用教材で注意すべき点

事前学習用教材、特に動画について、ここでは注意する点を2つあげます。まず1つ目は、1本の動画の長さです。学習用動画などでは、7分を過ぎると一気に動画の視聴率が落ちるという調査があるそうです。これは

私の経験からですが、1本の動画は5〜10分程度がいいと思います（恐ろしいことに、この時間はどんどん短くなってきている気がします）。もちろん、授業内容によっては、この短さでは導入が終わらない場合もあるでしょう。その場合は、1回の授業につき、短い動画を何本か用意するのがよさそうです。動画は、もちろん「学ぶ」という意識でじっくり見てもらいたいですが、移動中に見ることも考えられます。また、見る場所にこだわらないよさがオンラインコンテンツにはあると思います。そうなると、隙間時間にさっと見られるというのが重要です。

　もう1つは、文字の大きさです。先ほども述べたように、隙間時間にどこでも見られる、それがオンラインコンテンツの良さですが、そうなるとほとんどの学習者が、スマートフォンで事前学習教材を見ると思います。スマートフォンのサイズが大きくなってきているとはいえ、やはりコンピュータのディスプレイから考えると小さいです。大事な部分が読めなかった、ということがないように、資料の文字サイズには注意しましょう。最低でも20ポイント、できれば24ポイント以上で資料を作ると、スマートフォンでも見やすいと思います。

■どんな学習内容に向くのか

　反転授業はどのような学習内容に向くのでしょうか。バーグマン＆サムズ（2015）では、小学校での体育での反転授業の事例が紹介されています。この実践では、ある球技を体育の授業で教えるために、歴史やルールを動画にしたそうです。生徒は、運動場に座って先生からルール説明を聞くことにすぐに飽きてしまいます。でも、事前に動画でルールを確認しておくことで、座っている時間を減らし、実際の実技により多くの時間を使えるというわけです。

　体育の例は極端な例かもしれませんが、「CiNii（https://ci.nii.ac.jp/）」などの論文検索サービスで「反転授業」というキーワードで検索してみると、理系文系問わず実に様々な教科や学習内容で実践されているのがわかります。授業の中に時間を生み出したい！　授業活動を豊かにしたい！　そんな目的があれば、どのような学習内容でも取り入れることができる、それ

が反転授業です。

■反転授業の教室活動

　事前学習をしてきた学習者に対して、どのような教室活動を準備したら
いいのでしょうか。この節の最初に述べた反転授業の２つの方法、「完全
習得学習型」と「高次能力学習型」によって、活動内容は多少変わります。
　日本では、反転授業はアクティブラーニングと強く結びついている印象
があります。アクティブラーニングとは、教師が一方的に教えるのではな
く、学習者が主体となり能動的な活動を中心とした授業です。そのため、
教室活動は、ディスカッションやグループワークを行うことが多いです。
しかし、「完全習得型学習」は、学習者全員がある学習項目を同じレベル
になるように学ぶということです。ですから、事前に動画で文法説明を見
て、教室では学習者の理解や進度に合わせて問題を解く……という活動で
もいいわけです。「完全習得型学習」にあって、「高次能力学習型」にない
もの、それがアダプティブラーニングです。アダプティブラーニングは、
１人１人の学習者の理解度や学習の進みを考慮し、学習内容や学習レベル
を調整する方法です。一斉に行われている試験対策授業などとの大きな違
いは、学習者ごとの理解度により練習問題を変えたり追加したりできるこ
と、つまり、できる人には多くの練習をしてもらうことができます。また、
教師が教室を巡回する時間が増えるので、学習者が教師に質問しやすくな
り、教師が学習者に個別に対応する時間が生まれます。このような個別学
習は、通常「完全習得型学習」だけで、「高次能力学習型」では行われませ
ん。
　「高次能力学習型」は、「基礎知識を元に、より高度な能力を身に付ける
こと」が目的です。より高度な能力とは何か。色々考えられますが、例え
ば語学学習では、基礎を身に付けたうえでそれを活用できる、産出できる
ということだと思います。「高次能力学習型」の授業活動としては、グルー
プワークやディスカッション、プロジェクトワークなど、学習者が能動的
に活動するものが多いです。
　授業でどのような活動をするか。授業内容と学習目的にあった活動であ

れば、千差万別な活動が考えられると思います。それこそが教師の腕の見せ所です。楽しいだけでなく、しっかり身に付く活動を考えたいですね。

■これまでの予習との違い

反転授業の話をすると必ず、「それは予習とは何が違うのですか？」という質問を受けます。反転授業の事前学習は、予習の発展形だと思います。では、これまでの予習と何が違うのか。それは、**予習をしてこないと、教室内の学びが適切に受けられない**ということです。

これまでの予習は、学習者の意思に任されており教師の介入はありませんでした。予習をしておけば授業中で学ぶことの予測ができ、理解が深まるだろうと学習者が判断し行っているわけです。これに対して反転授業では、事前学習は全員に課されたノルマです。全員が一律に事前学習用の動画なり教材コンテンツを見てこないと、教師の求める授業活動はできません。

こう書くと、反転授業の事前学習は学習者の自律性を狭めているような気がする人もいるでしょう。予習という1つの事象に限ってみるとそうかもしれません。しかし、授業全体に目を向けてみると、全員が事前学習をきちんとしてくることによって、教師と学習者、学習者と学習者が、授業を共同運営するという視点が生まれます。**学習者は受身ではなく、よりよい授業をするための協力者になる**のです。

■教室活動との連携

最後に反転授業で一番重要な点について考えたいと思います。それは、事前学習と授業活動との連携です。反転授業でもう1つよくされる質問に、「学習者が事前学習をしてこなかったらどうしたらいいですか？」というものがあります。原則的に、反転授業では**事前学習用コンテンツで説明した内容は、教室内では繰り返し教えません**。事前学習をしてこなかった学習者に対しては、教室内に視聴用端末を用意して動画などを見てから授業活動に参加してもらうことが多いようです。アメリカの高等教育での反転授業の実践では、事前学習をしないことにより教室でクラスメートと

するべきことができず、授業外に1人で行わないとならないことの負荷に気がつき、事前学習をするようになることが多いとのことですが、それでも事前学習をしない学習者はいるもの。そこで重要なのは、教室活動との連携と事前学習をしたことに対する評価です。

▶事前学習と教室活動との連携と必然性

事前学習と授業の連携について古川・手塚（2016）では、学習者のアンケート結果から、「動画視聴に必然性がないと感じられた場合、学習者の講義動画の視聴を促すことはできない。そのため、反転授業の1つの形態であるTraditional Flipでは学習者は講義動画を見る必要性を感じることができず、否定的評価につながっていると考えられる」と述べています。ここでいうTraditional Flipとは、「収録した講義動画を事前に学習者に視聴させ、実際の授業ではその事前学習内容で理解できなかった箇所のフォローを行うもの」（古川・手塚2016）です。

この事前学習に必然性を感じるかどうかは、「完全習得学習型」、「高次能力学習型」両方に重要であると考えられます。**事前学習をしてもしていなくても同じように授業活動を受けられ、学べるのであれば、学習者は事前学習をしません。**前述した事前学習内容を授業では教えないというのはそのためでもあります。また、事前学習が簡単すぎる／難しすぎる、授業の前提条件としての内容になっていない場合なども、学習者は事前学習をしなくなります。最終的な学習目標から逆算し、何を事前学習とするか、しっかり考えることが必要です。

▶学習履歴と事前学習の評価

事前学習用コンテンツをどう学習者に配信するかというのも、重要です。例えば、動画の場合、「YouTube」の限定公開は学習者が日常的に親しんでいるので、アクセスしやすいという点でとても便利なのですが、誰が視聴したかを教師が管理することはできません。もし、ご自身が働く機関がLMSを利用している場合はそういったものを利用し、学習履歴を取るといいです。学習履歴は学習者個人の記録なので、最終的な評価にも利用

できます。

　学習者に事前学習してもらう方法の1つとして、学習履歴のほかに事前学習の理解度を測る小テストなどを用意する場合もあります。この小テストは、事前学習の内容を評価するのにも役立ちます。全員が100点であれば簡単すぎた可能性があり、全員の点数が低ければ難しすぎるのかもしれませんから、次回同じ内容の授業をする際に事前学習用コンテンツの修正を考えます。また、特定の問題に間違いが多い場合は、授業でキャッチアップすることができます。小テストの答え合わせから授業を開始し、わかりにくかったところを確認するなどの方法もよく行われています。

　反転授業では、事前学習と教室活動をどのようにつなげるかをしっかりデザインし、事前学習をやりっぱなしにしないことがとても重要です。

⊕ ヒトコト説明

●反転授業とは

学習者全員が理解しないといけない基礎的なことや、教室活動の前提条件などを動画やプレゼンテーション資料などのオンラインコンテンツにして

事前学習したうえで授業をすること！
事前学習と教室活動のつながりが大事！

●必要なICT

事前学習用のオンライン上の動画や資料

2 ブレンディッドラーニング
——学習者の学びのチャンネルを増やしたいあなたへ

■解消される授業の悩み

- クラス外の学習時間を増やしたい。
- 様々な方法で学びを活性化させたい。
- 宿題をペーパーレス化したい。
- 配布プリントや小テストの採点時間を削減したい。

■ブレンディッドラーニングとは
▶バーシンによるブレンディッドラーニングの定義

　ブレンディッドラーニングが日本の論文に出はじめたのは2003年ごろですが、2006年にジョシュ・バーシンの『ブレンディッドラーニングの戦略』が日本で出版され、eラーニングの問題点を解消する手立てとして注目されました。バーシン（2006）は以下のようにブレンディッドラーニングを定義しています。

　特定の顧客に対して最適のトレーニングプログラムを作り出すために、異なるトレーニングの「メディア」（技術、活動、事象の種類）を組み合わせることである。「ブレンディッド」という用語は、伝統的なインストラクター主導のトレーニングが電子的な方式で補完されることを意味している。

　インストラクター（教師）による対面授業は、必要に応じて組み合わされるメディアの1つになっており、メディアの特性を活かし、どのように組み合わせるかという点が重要とされています。また、ブレンディッドラーニングを5つのモデルに分け（表）、それぞれの実践例を紹介しています。
　同書では、主に企業研修の事例が多く取り上げられていましたが、この考え方は学校教育でも様々に実践されました。その多くは、オンラインで

5つのブレンディッドラーニング・モデル

	モデル	特徴
1	eラーニングによる自己学習プラス、ほかのブレンドされたメディアまたはイベント	集合研修がなく、自学自習が中心。学習者はオンライン上の様々な補足資料を利用する。
2	インストラクター主導プログラムと自己学習eラーニングのブレンド	教師や講師の教える集合研修とeラーニングでの自学自習の組み合わせ。eラーニングは、集合研修をより効果的にするために、事前学習、授業中、授業と授業の間などに学ぶ。
3	ライブeラーニングへの他メディアの追加	オンラインで配信される講義などをリアルタイムで視聴する。そのほかに、自己学習や練習、参考資料が講義を補完するものとして提供される。
4	OJT中心	管理者や教育係によるOJTで、技術が複雑で必ず身に付けなければならない職種などで利用される。
5	シミュレーションと学習センター	機械のオペレーションや操作などをシミュレーションによって学ぶ。シミュレーションがIT化され、訓練に用いられる。

バーシン（2006）より筆者が作成

の学習と対面授業を組み合わせた様々な形態を想定し（宮地編 2009）、集合研修、eラーニングのそれぞれのよさを取り入れ、「両者を目的に応じて組み合わせることで、より効果・効率のよい学びを提供していこうというのが、ブレンディッドラーニング」（玉木編著 2010）と考えられていました。

▶ホーン＆ステイカーによるブレンディッドラーニングの定義

その後、2017年に学校教育の実践をもとに書かれたマイケル・B・ホーンとヘザー・ステイカーの『ブレンディッド・ラーニングの衝撃』が出版されました。同書では、150件を超えるブレンディッドラーニングの実践者へのインタビューから、「「ちょうどよい」中庸の定義を確立」し、ブレンディッドラーニングには、以下の3つの要素があるとしました（ホーン＆ステイカー 2017）。

1. 少なくとも一部がオンライン学習からなり、生徒自身が学習の時間、

場所、方法またはペースを管理する正式な教育プログラムです。

2. 少なくとも一部は自宅以外の監督者のいる教室で学習することです。

3. 各生徒の一つのコースにおける学習内容は、カリキュラム全体の一部として機能するよう統合されているということです。

バーシンはブレンディッドラーニングを5つのモデルに分けましたが、ホーン＆ステイカーはブレンディッドラーニングを、「ローテーション・モデル」「フレックス・モデル」「アラカルト・モデル」「通信制教育」に分類しました。

バーシンとホーン＆ステイカーのブレンディッドラーニングの定義を比べると、「少なくとも一部は自宅以外の監督者のいる教室で学習すること」に違いがあります。ホーン＆ステイカーのブレンディッドラーニングでは、対面授業が必須です。しかし、バーシンでは、対面授業は有効ですが授業デザインの中で絶対条件ではなく、目的に合わせたメディアの選択と組み合わせが重要だとしています（バーシン 2006）。

▶改めてブレンディッドラーニングとは

集合研修や授業、eラーニングにはそれぞれの利点があります。また、正式な教育プログラム以外でもブレンディッドラーニングは行えるはずです。そこでこの本では、ブレンディッドラーニングを、玉木（2010）から「両者を目的に応じて組み合わせることで、より効果・効率のよい学びを提供していこう」とすることとします。つまり、**ブレンディッドラーニングは、ICTを使い、アナログの講義では伝えにくいことをデジタルで補完するなど、学習内容に応じた最適な教授手法を用いること**です。また、そのことにより、学習者に様々な学習を提供することができます。とはいえ、最初は簡単に取り入れられる方法から始めることが大事。いきなり大掛かりなことを考えず、例えば宿題の1つをデジタル化するなど、授業の一部にICTを取り入れることから始めましょう。

■ブレンディッドラーニング導入のための基礎知識
▶反転授業もブレンディッドラーニングの１つ

第１章１節で紹介しましたが、反転授業もブレンディッドラーニングの１つです。下記の図を見てください。反転授業で必要なものは動画やデジタル資料で、それをネットで共有することが必須でしたが、ブレンディッドラーニングでのICT利用は多岐に渡ります。通常の授業の一部にICTを取り入れますが、取り入れる方法は様々で、その１つが実は反転授業というわけです。ですので、反転授業以外のブレンディッドラーニングでは、ICTによる学習は、授業の時間内でも時間外でもかまいません。

ブレンディッドラーニング

●オンライン学習の項目は、多岐に渡る
→導入用動画だけに限らない
　　練習ドリル、テストなど

> **反転授業**
> ●基礎理論や授業活動に必要な
> 　予備知識の動画など
> →練習ドリルなど定着練習は
> 　必須ではない（なくてもよい）

■ブレンディッドラーニングで必要なICT

ブレンディッドラーニングはその授業に最適なICTを取り入れるわけですが、必要なICT技術に関しては、本書第１章４節ですでに説明した、以下のようなものになります。

- プレゼンテーション資料
- 動画
- オンラインドリルやテスト
- SNS
- Googleのクラウド共有システム
- web会議システム
- LMS (Learning Management System)
- ポータルサイト
- 学習支援サイト
- QRコード

■ブレンディッドラーニングを始めよう
▶なぜブレンドするのか

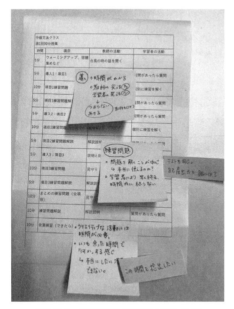

図2-2-2　授業改善点の洗い出しの例

　授業もしくはそれに付随する何をICT化するのかは、とても重要です。反転授業の導入でも同じなのですが、最初にしてほしいのは、今自分が担当している授業の棚卸です。通常、教育にICTを取り入れるのは、授業改善が目的です。もしかしたら、現在問題がなく効果も出ていて学習者から評判のいい授業であれば、ICTを取り入れなくてもいいかもしれません。その反面、教師は常に自分の授業の改善を考えているはずです。そして、その改善方法の1つの可能性がICT利用なのです。ですから、まず自分の授業の問題点や改善できそうな点を洗い出すことが肝心です。簡単でいいので教案を書いてください。そして、それを基にブレンディッドラーニングを考えるには、2つの方法があります。

▶授業のどこをデジタル化するのか

　自分の授業をブレンディッドラーニングにする1つ目は、**問題があると思う活動や、よりよくしたい活動に注目する方法です**。反転授業では、授業時間の不足やそれによりアクティブな活動時間が足りないという問題を取り上げました。同様に、ブレンディッドラーニングでは授業内の単純練習の時間が足りない、もしくは、クラスで単純練習をすると飽きてしまうという問題点があるなら、その改善のためにICTが使えるか、使うとし

たらどんな目的でどんな効果があるか考えます。目的によってはドリル練習をオンラインにしたり、SNSを使って練習問題を配信し授業外に自分のペースで学ぶことができる仕組みを考えます。

2つ目は、**現在の授業で行っていないけれど、付け加えたい活動や学習を考える方法です。**例えば、クラスに漢字圏の学習者と非漢字圏の学習者がいるとします。本当は、非漢字圏の学習者にもっと漢字の学習時間を取りたいけれど、授業中にそれをしたら漢字圏の学習者が飽きてしまいます。そこで、非漢字圏の学習者に向け補習教材を用意することはよくあると思いますが、これらをデジタル化したらどうでしょうか。学習者が電車に乗っている間にも学習することができますし、アルバイトの休み時間にちょっと問題を解くこともできます。

▶まずはスモールステップ！

この本を読んでいる先生の中には、コーディネーターや教務主任ではなく、コース全体のカリキュラムを変更できる立場にない場合もあるでしょう。だからと言ってブレンディッドラーニングを実践できないということではありません。自分が担当している授業の一部をブレンディッドラーニングにより最適化することで、学習の効果を上げることができると考えます。また、情報共有することで、チームティーチングのクラスでも取り入れることができます。その際には、ほかの先生にも使ってもらって意見をもらおう！くらいの気持ちが必要かもしれません。また、ブレンディッドラーニングでは、自分で教材を作るのが大変だったら、オンライン上にある無料サイトやアプリなどを活用してもいいと思います。例えば、国際交流基金は日本語学習者向けに「NIHONGOeな」(https://nihongo-e-na.com/)というサイトを作っています。このサイトは、日本語学習用のオンラインサイトや教材、アプリなどを紹介するもので、レベルや目的に沿って探すことができます。学習者だけでなく、教師もこういったサイトを利用して使えそうなものを探して授業に組み合わせてみるのは、最初のステップとして取り入れやすいと思います。まずはスモールステップから、気軽に始めてみてはどうでしょうか。

🌐 ヒトコト説明

●ブレンディッドラーニングとは

ICTを使い、アナログの講義では伝えにくいことをデジタルで補完するなど、学習内容に応じた最適な教授手法を用いることと。また、そのことにより学習者の学びのチャンネルを増やし活性化させること。

自分の授業を改善改良するために使えるICTを見つけよう。
学習者の学びのチャンネルを増やすことを目標に！

●必要なICT

プレゼンテーション資料
動画
オンラインドリルやテスト
SNS
Googleのクラウド共有システム
web会議システム
LMS（Learning Management System）
ポータルサイト
学習支援サイト
QRコード

3 CSCL — ICTを使って授業を協働的に行いたいあなたへ

■解消される授業の悩み

- クラス内の協働活動を活発にしたい。
- 協働活動を「見える化」したい。
- クラスの学習を社会とつなげたい。
- リアルな文脈で学びを促進させたい。

■CSCL（Computer Supported Collaborative Learning）とは

　協働学習（Collaborative Learning）は様々な方法で学びに取り入れられていますが、協働学習をコンピュータによって支援することをCSCL（Computer Supported Collaborative Learning）と言います。中原他（2002）では、「コンピュータを用いて、複数の学習者間の相互作用を通した知識構築を支援することをめざしている」と述べています。また、新庄他（2005）では、「CSCLは文字通りコンピュータを使った学習支援ではあるが、それは単にツールとしての使用を指すのではない。（中略）<u>教室の主役である学習者たちの相互の学習活動のどの部分にコンピュータの支援が必要なのかを、教師が見出したうえで、教育実践に活用していく</u>」としています（下線筆者）。

▶CSCL と学習理論

　CSCLは、「状況的学習論や社会的構成主義（菅井1993）等の近年の学習理論を理論的背景とする場合が多く、近年のインターネットなどの情報技術によって実用化」（中原2002）されています。難波・新庄（2007）では、「状況的学習論」を、「学生は与えられた知識を学生自身にとって意味のある様々な状況のなかで実践することを通して、学生自身が知識を一般化する」と述べています。つまり学習は、教室内だけでは十分ではなく、リアルな文脈と人との関わりの中で学習者が身に付けていくものであると言えるでしょう。外国語教育では、web会議システムを使って交流する、LMS

やビジネスチャット、SNSを使って学習言語で交流する、ホワイトボードなどで情報を共有しながら作業するなどなど、幅広い活動が考えられます。

■CSCLで必要なICT
▶社会とつながる──web会議システムを使う

「リアルな文脈と人との関わり」と書きましたが、例えば、海外で日本語を教えている先生だけでなく、国内の日本語学校などで教えている場合も、「学習者が日本語学習環境以外で日本語を使う機会があまりない」と感じることがあるでしょう。国内の場合、多くの学習者はアルバイトをしており、そこで日本人やほかの留学生と日本語でやり取りをしていることが多いですが、最近では、学習に専念するためにアルバイトをしていないという恵まれた留学生も少なくありません。また、アルバイトをしていても、自由に職場の人と話せる時間はそう多くないと思います。

クラスにオンラインでゲストスピーカーを呼び進学や就職など、先輩の話を聞くことはとても参考になります。もちろん、クラスに来てもらうことができればそれが一番かもしれませんが、近くに頼めそうな人がいないということもあるでしょう。また、日本語を学んでいる学習者同士や、日本人学生と日本語学習者の交流をしたい。そんな時に、web会議システムを使えば、離れている人と交流が可能です。

この方法は、外国語学習ではかなり前から取り入れられているので、目新しさはないかもしれませんね。しかし、様々なサービスが発達してきたため、以前より気軽に授業に使えるようになりました。ICTが登場し、同期通信はあっという間に無料化され、現在では様々なSNSに音声通話やビデオ通話機能が標準装備されています。30年前には夢物語だったテレビ電話が現実のものとなったわけです。ICTは苦手……と思っている方でも、「LINE」の音声通話を使って家族や友人と連絡している方は多いのではないでしょうか。これらの無料サービスの中にも、1対1だけでなく、複数の人が同時にアクセスできるものもあります。

web会議システムの音質や画像などは現地の通信状況に左右されます

が、日本国内であればある程度安定しています。そして、ほとんどは資料を共有できるので、ただ話を聞くだけにとどまりません。オンラインビジターに対して、学習者を一教室に集めて行うのであれば、「Skype」でも十分です。「Skype」は個人で利用している人が多く、基本操作もシンプルですが、画面共有で資料も映せるので、講義形式のやり方も可能です。参加者が個別パソコンやスマートフォンからアクセスできるのであれば、「Zoom」が便利でしょう。「Zoom」の無料版は利用時間の制限などはありますが、後発のサービスのため、これまでのweb会議システムの長短をうまく活かしており、便利な機能が色々あります。「Facebook」で「Zoom」の使い方に関してオンラインワークショップを開いているグループもありますので、参加者として何度か参加してみながら操作を覚えるのもいいと思います。

▶クラス内の協働学習を強化する──データ共有サービスを使う

協働学習は日本語教育でも様々に取り入れられています。しかし、学習者同士のやりとりがあるため、フリーライダーが出たり、どうしてもできる人に仕事が集中したりと、グループ内で不満が高まることがあります。また、プロジェクトワークやグループ内でのディスカッションで、各人がどんな風に話したとか、各自の意見がどうなのかということは、なかなか教師に見えないことがあります。グループ内でどのような話し合いをしたか、まとめて提出させることもありますが、その場合、意見を読むのは教師だけで、クラス内で共有できません。

そこで、ICTを使ってグループ活動を可視化したり、情報をクラス全体で共有します。難波・新庄（2007）では、読解授業でCSCLを実践し、「授業活動のリソースをコンピュータ上に用意することができることから、教師は学習者たちの学習活動を従来よりも把握しやすくなる」とあり、「各グループでの活動がどのように行われているかをモニターし、相互交渉を活性化させるようなコメントやアドバイスを行うことがより容易となるのである」とICTを使用する利点について述べています。

CSCLには、ほかにどんなICTが利用できるでしょうか。現在、ビジネ

スでは電話よりもテキストメッセージを使うことが多くなっています。それもメールではなく、チャット機能や情報共有機能を使うことが多いようです。それらは教室活動にも利用できます。

● Googleのドキュメント共有機能：「スプレッドシート」、「ドキュメント」、「スライド」など

　ファイルを共有して書き込みすることができます。どれも、一緒に集まらなくてもオンライン上で作成できるので、各自が自宅からアクセスし、資料を作ったり情報を交換したりすることができます。また、同時アクセスも可能なので、授業時間内に集まって利用することも可能です。通常、集まって作業すると、パソコン操作の早い人が得意な人が全てやってしまうことも多いですが、きちんと担当を決めそれぞれに作業させれば1人に仕事が偏りません。作業中のファイルにアクセスすれば教師も作業の状態をオンラインで見られるので、今誰が作業しているのかを確認することができます。また、「スプレッドシート」を使ってディスカッション前に各自の意見を集めて、ディスカッションでその意見がどのように変化したのかを事前事後で確認したり、使い方は様々です。

●ビジネスチャット

　「Chatwork」や「Slack」などは、ビジネスチャットと言われるもので、テキストチャットだけでなく、ファイルの共有やビデオ・音声通話、タスク管理など、ビジネスに関するタスクを共有できるサービスです。例えば、「LINE」などのSNSだと教師だけでなく学習者にも利用状況に違いがあります。プライベートのSNSを授業で使うことに抵抗がある学習者もいるでしょう。そこで新たに「Chatwork」などを利用しましょう。これまで使ったことのないアプリを使うのは学習者にとって負荷が高いこともありますが、学習目的ということを説明すればかえって割り切って使えることもあります。また、これらのアプリはスマートフォンとパソコン両方で使えますので、パソコンを持っていない学習者が多い場合にも便利です。右は「Chatwork」のアプリのスクリーンショットですが、資料をアップした

り、タスクを共有したりしています。

▶SNSを使えば、
教室内外とつながれる

「Facebook」や「Twitter」、「Instagram」、「LINE」といったSNSは、現代社会ならではのコミュニケーションツールとなりました。教育にICTを利用する場合、普段学習者が使い慣れているものを使うと、学習者にとって利用しやすいです。例えば、IDやパスワードを考えてみましょう。現在、様々なオンライン上のサービスでIDとパスワードの入力が必要です。そして、新しいサービスではIDとパスワードが自動的に割りふられることがあり、中には、自分でパスワードを変

図2-3-1　ビジネスチャットの例

えられない場合もあります。そこで学習者が普段使っているICTを教育に使えれば、新しいIDとパスワードを覚える必要がないので、アクセスに対するハードルが1つ低くなります。また、操作性の点でも、使い勝手がわかっているのも利便性の1つです。

SNSを外国語教育として使う利点は、社会、教室内の両方とつながれることです。 例えば、社会とつながりたい場合、同じような趣味嗜好を持つ人を探すことができます。そして、共通の趣味を持つ人だけでなく、自分の好きな作品の公式アカウントやアイドル、俳優、作家の人などをフォローすることもできるので、モチベーションアップにもつながります。教室内では、非公開グループを作ることが可能なので、クラスに所属する学習者と教師だけでやり取りすることも可能。オープンにしたりクローズにしたり、目的や学習者心理を考慮して様々に使い分けることができるのも魅力です。

SNSに関しては、「やらない」ポリシーの人も中にはいると思います。それはそれでいいと思うのですが、学習者がほぼ100％同じSNSを利用している場合、仕事用と割り切ってアカウントを作るのも1つの手です。SNS利用状況は、個人でずいぶん違います。年代問わず、リア充自慢でなんでもSNSにアップする人もいれば、ロム専門でほとんど自分の情報をアップしない人もいます。仕事用アカウントとして使う場合、必要な人としかつながらない（利用するクラスの学習者とだけつながる）、必要なことしかアップしない（個人的なことはアップしない）など、限定して利用してもいいと思います。

 ヒトコト説明

● CSCLとは
ICTにより協働学習をサポート、強化すること。
　1章でIT技術の得意なことという話をしましたが、それが最も活かされるのがCSCLと言えるかもしれません。

普及しているサービスを授業に組み込もう！
● 必要なICT
遠隔交流のためのweb会議システム
情報共有のためのオンラインサービスやLMS
テキストコミュニケーションのためのビジネスチャット、SNSのグループ機能など

コラム

スマホ遣い…できることから楽々ICT ！

小山暁子

　企業に出向き日本語を教えている私は、教育者ではなくサービス業者でありたいと考えています。クライアントである企業やビジネスパーソンの要望に応えサービスを提供するのが仕事です。学習者の職種も日本語能力レベルも様々で、入門から上級、超級まで、異なるレベルがともに学ぶ混合クラスもあります。クラスサイズも1人～14、5人まで、教室として使うのは主に会議室ですが、東京オフィスからWeb会議システムを使い海外数拠点を結ぶレッスンもあれば、カフェレッスンもあります。対面レッスンを受けていた人が転勤や転職でオンラインレッスンに変えるケースもあります。

　長年フリーランサーとしてやってきて感じるのは、日本語を学ぶビジネスパーソンが増えたこととニーズが多様化していることです。仕事上の必要性や出世や転職のために学ぶ人もいれば、日本人の家族のために上達したいという人、日本語は趣味だと言い切る人もいます。顧客満足度の高いレッスンを提供するためには、テーラーメイドにこだわりたいと考えています。クライアントは、学習者本人というケースもあれば、社員研修を望む企業というケースもあります。仕事のオファーがあって真っ先にするのが、クライアントである学習者本人や企業担当者のニーズを傾聴することです。その後、コースデザインし、教材を決めます。教材は、レッスンが進む過程で必要に応じてプラス・マイナスしていきます。市販の日本語教材以外にも、書籍、雑誌、ネット情報、社内資料、動画など必要となればなんでも使います。学習者のレベルが上がるにつれ生教材の占める割合が高くなり、それに伴いICTにお世話になる割合も多くなります。

　ご存知のように、ビジネスパーソンの多くがデジタルネイティブ（Digital Native）です。一方、私はデジタルイミグラント（Digital Immigrant）、インターネットやパソコンには疎い世代で、なかなか苦

手意識が取れませんが、時代に適応していかなくては仕事になりません。できることから少しずつ習得しています。困った時には、デジタルネイティブの友人や学習者に教えてもらいます。こんなことも知らないのかと思われることもあるかもしれませんが、「聞くは一時の恥聞かぬは一生の恥」。誰にも苦手なことはあるのだからと気にせずどんどん聞いてしまいます。実際、できるようになると「な〜んだ、こんなに簡単なんだ」と思うことばかりです。この本を読みながら「私には無理、恥ずかしい」なんて思っている方、私も同じデジタルイミグラントです。できることから、ひとつずつ覚えていけばいいのではないでしょうか。

　便利に楽に楽しく、そして不可能を可能にするためにというのが、私がICTを活用する理由です。ICTによって、企業への報告・連絡業務、教材作成や生教材の準備にかかる時間も短縮できて、私の仕事は非常に楽になりましたが、学習者にとってはどうでしょう。絵や写真、動画が使えることで生の日本語学習が楽しくなることもあります。他にも記憶にも残りやすく、アクティブラーニングに繋がり主体的に学べるなど、ICT活用は学習者にとっても大きなメリットとなっているはずです。

　ICT機器のうち、私が最も重宝に使っているのは、スマホです。クライアント先を移動して仕事をしている私にとって、どこにいてもすぐに仕事に取り掛かれるスマホほど便利で楽なものはないからです。タブレットを使うこともありますが、スマホで用が足りることが多くなりました。「Google ドライブ」や「Dropbox」、を使い、教材作成や報告業務はレッスンの合間、移動中のスキマ時間に終えてしまうようにして、帰宅後はできる限りPC作業をしなくてもいいよう心がけています。

　日中の遠隔レッスンの場合は携帯用スタンドにスマホを立てかけ、カフェから海外に向けレッスンしています。相手もiOSの場合は、「FaceTime」が一番使いやすく音質がクリアではっきりと聞こえるようです。大きなタイムラグも回線がつながらないこともありません。海外のクライアントが前もって「Googleカレンダー」に東京時間で予約を入れてくれて、当日は、ログインの煩わしさもなく電話をかけるよ

うに「FaceTime」してきてくれるので、とても簡単。時間の有効活用に心がけ、日頃から教材として使えそうなネット記事や動画は見つけたらその場で「Google ドライブ」や「LINE」にストックしておきます。「LINE」は特に重宝しています。「LINE」にクラスグループを作っておくと、急な会議等による欠席、遅刻の連絡用にも便利ですが、前もって生教材を送っておいたり、授業中に話題になったことや関連事項を教師だけでなく、クラスの誰かがシェアしたり、質問事項や次回扱ってほしいテーマや表現などを送ってくれたり、街で見たことばやアニメやゲームで見てわからなかった表現を、質問を添えて送ってきたりします。教材ストック用には「ネタ帳」というひとりグループを作っています。使えそうな記事や動画はURLをストックしておき、そこから直接、クラスグループに転送すれば、瞬時にシェアできます。クラスメンバーは読解教材もスマホやタブレットで読み進めます。通勤時間に予習、復習するにも手軽で便利です。必要や要望があればプリントアウトもしますが、配布したプリントをなくす人や忘れる人がいないというのもスマホ遣いの利点のひとつです。

　上級・超級の生教材には、新聞や雑誌の記事は、オンライン版があればURLをシェアし、そのまま使います。ニュースもNHKの「NEWS WEB EASY」、アプリの「Easy Japanese」や「MONDO」であれば、初級後半から使えます。こちらで選んだ記事を一度、二度レッスンで使い、次からは学習者が選んだ記事を取り上げることでモチベーションも上がり、何よりいいのは本人の趣味嗜好がわかることです。レッスンではサービスやアプリの特徴を紹介し一度使ってみるだけ、あとは本人の意思に任せて使ってもらい、質問事項にレッスンで対応するという方法、お勧め記事や関連記事をネットで探しクラスの「グループLINE」でメンバーに紹介した上で本人がプレゼンするという方法はインタラクティブなレッスンになり、教師の負担は軽く学習者の満足度も高いものになるようです。初級から「読解」から「発話」へ、または「発信」に繋げられるものには、「Instagram」や「Facebook」などがありますし、料理の好きな人ならレシピ動画アプリ「DELISH KITCHEN」や「クラシル」を紹介します。読めるようになると投稿したくなるようで、自主的にブログの下書きをしてくる学習者もいるの

で、添削指導することもあります。

　上級・超級になっても学習者が苦労しているのがいかに表現や語彙数を増やすかです。ビジネスパーソンは週1回1、2時間しかレッスンの時間が取れない人が多いのが現状です。どんなに優秀な人でも週1度、1時間のみのレッスンで、次のレッスンまでテキストを開きもしないのでは運用力はつきません。ではどうやって忘れずにいてもらうか。たどり着いたのが、できる限りレッスン後1時間以内に「Quizlet」を使い、レッスン中に学習者が興味を示した語彙・表現を送る、翌週のレッスンで運用できるようになっているかは本人に委ねる、次のレッスンでさりげなく確認するという方法です。

　発音練習のため、音声入力や「Siri」などAIアシスタントに話しかける方法は、発音に劣等感のある学習者の救世主です。自宅でスマホ相手に話しているうちに、いつの間にかネイティブに近い発音になった学習者も少なくありません。

　次々と新しいアプリやサービスが出てきますので、いいと思ったものは使ってみます。使い方を間違えなければ、ICTが日本語学習に貢献するところは非常に大きいと考えます。誰のため、何のため、何をどう使うのか、使うメリットがあるのかしっかり考えてから使うよう意識しています。最先端の技術を開発しているエンジニアにも語学学習はノートに手書きし、アナログな単語カードを作りたがる学習者もいるからです。

小山 暁子（こやま あきこ）

銀行員、役員秘書、店舗経営、非常勤講師を経て、フリーランスとして独立。
"行列のできる日本語教師を目指す"『サタラボ』 の主宰として、都内会場にて定期的に（月1〜2回）日本語教師対象セミナーを主催。
大使館、日本企業、外資企業をクライアントとし、社会人、ビジネスパーソンを対象に日本語、及び、日本のビジネス慣習・文化・マナー等の出向授業を提供（2019年10月現在10社18クラス）。

第**3**章

ICTで授業改善

日々の授業に悩みはつきものですね。ここでは、授業の問題から
どうやってICTを取り入れ改善していくか、具体例をあげて紹
介します。ぴったり同じ悩みがなくても、近いものをヒントにし
て自分の授業改善にどのようなICTが使えるか考えてみましょ
う。

1 反転授業で授業改善

　反転授業には、「完全習得学習型」と「高次能力学習型」の2つの型があることは述べました。ここでは、それぞれについて、実践方法を紹介します。

①完全習得学習型

Case1
中級の文法の授業で、説明に時間がかかりアクティブな活動ができません。学習者の産出活動が少ないので、理解した上で自分のものにできているか、つまり使えるのかということをクラス内で確認する時間がなかなか取れません。

Answer1
「完全習得学習型」の反転授業を取り入れてみましょう。「完全習得学習型」の反転授業は、学習者全員が一定の知識を一定レベル習得することを目指します。つまり、基本的な項目を学ぶのに適しています。

レベル：初中級
学習目標：初級で学んだ文法を復習し、中級に向け実際に使えるようになる。
時間：90分
準備するもの：動画　テキスト　プリント　アクティブな活動案
事前学習：文法説明を1回の授業につき、2〜4本（各5〜10分程度）の動画にして配信。学習者の視聴履歴を取る。視聴履歴も成績評価にする。

　この授業では、いわゆる導入を動画にして事前学習にします。授業は週1回で日本語の学習時間は十分ではない、といった場合、忙しい生活の合

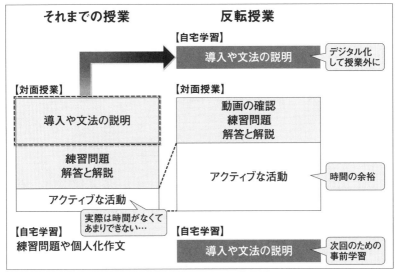

図3-1-1　中級授業の反転授業化

間に動画を見られるのは、学習者のライフスタイルにもあっているのではないかというのも、反転授業にした1つの理由です。

　クラス（対面授業）は動画を見たことが前提になるので、さっと動画の内容確認をして、練習問題を解くことからクラスをスタートします。この内容確認では、事前に動画を視聴した学習者に教師が質問し要点を答えてもらいます。この時、学習者から質問があれば答えます。学習者の視聴履歴が取れると授業前に誰が見ているかがわかるので授業運営に役立ちます。

▶練習問題の進め方と解答

　練習問題の進め方と解答の方法は、いくつか考えられます。
- 動画の内容確認→文法項目の確認（説明ではない）
- 教科書の練習問題→早く終わった学習者には、エクストラの練習問題を配布。大体全員がテキストの練習問題を終えた段階で、教師主導で解答。
- 20〜30分程度の発展練習→自己産出活動

もし、真面目でやる気のある学習者が多い場合は、テキストの練習問題も事前学習とすると、授業では発展練習に取りかかれるので理想的ですが、なかなかそうはいかないものです。その場合は、授業内で練習問題を行いますが、せっかく反転授業にしたのですから、「全員同じタイミングで」にこだわる必要はありません。2章1節で、反転授業はアダプティブラーニングに向いていると述べました。例えば、できる人にはどんどん練習を進めてもらい、追加の練習問題を配布します。その間教師は、ちょっと遅れ気味の学習者をサポートします。

　同様に、教師が全員に向けて答え合わせをすることも必須ではありません。例えば、学習者がピアやグループで答え合わせをし、答えが一致しなかったところや間違いが多かった問題についてのみ教師が解説します。

　そして、発展練習、アクティブな活動に十分な時間を取ります。単に文を作るようなことではなく、その時間で完結できるペアやグループワークを取り入れるといいと思います。例えば、

- 仮定のと・たら・なら・ば：それらを使って想定外のことが起こった時の対処法を考える。
- 可能の表現：会社の役員になって、新しく雇用する社員に必要なスキルを考える。
- 日本語学校を作って、どのような授業を学習者に提供するか考える。

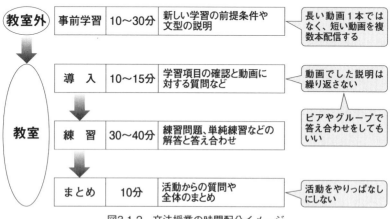

図3-1-2　文法授業の時間配分イメージ

など、何でもいいと思います。ここで学習者個人で考えさせないのは、インフォメーションギャップを利用し、日本語を使って意見をまとめるという効果も期待しているからです。1人で考えると、自分の知っている語彙だけでまとめてしまいがちですが、ペアやグループで考えることにより、知らなかった語彙や様々な意見を聞き、自分も話すという活動が生まれます。

最後に、個人化作文を宿題として取り入れました。個人化作文は、「個々の学習者の『感情・経験・思想』を描き出せるようにデザインした作文活動」（川口 2016）です。単に、文法や状況を指定して作文を書かせるのではないので、それぞれの個性が際立ちます。各文字数もさほど多くなくていいので、毎回の振り返りにも向いていると思います。ディープ・アクティブラーニングでは、学びを深めるために、集団で話し合ったことを、個に落としていくことが大事だとされています。グループで出て来たアイディアを個人化作文に書くことは、クラス活動のまとめとして向いています。

Case2

週1回の作文授業では、どうしても授業時間中に説明が多くなってしまいます。また、説明が理解できないのか、提出される作文に間違いが多く、添削が大変です。授業時間を効果的に活用する作文の授業がしたいです。

Answer2

作文授業は、「完全習得学習型」、「高次能力学習型」の両方の反転授業が導入できますが、「完全習得学習型」の作文授業を考えてみましょう。

レベル：初級〜
学習目標：レベルに合わせた作文が書けるようになる（アカデミックライティングも対象になります）。
時間：45〜60分

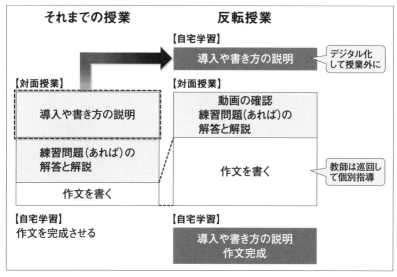

図3-1-3 作文授業の反転授業化

準備するもの：テキスト　動画　プリント　参考になる記事など
事前学習：作文の書き方に関する動画を1回の授業につき、2〜4本（各5〜10分程度）の動画にして配信。

　中級になり少し長い作文を書き始める、また大学でアカデミックライティングを学ぶ。このような場合は、「作文の書き方」や「テーマの決め方」などを動画にして自宅学習してもらい、教室では、それぞれのペースで作文を書き、教師は巡回して直接指導し、日本語でのライティングを基本からマスターさせます。「作文の書き方」は知識であり規則です。最低限守らなければならない項目がたくさんあります。それらを理解して覚えるのは、なかなか大変です。

　また、学習者が自宅で書いてきた作文の添削にとても時間がかかる……ということは、誰しも経験していることと思います。要は間違いが多いわけですが、これは、教師の目の届かない場所で学習者が試行錯誤していることが大きく影響しているからではないでしょうか。教室で先生が説明し

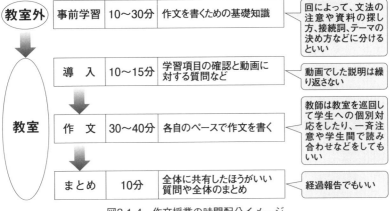

図3-1-4　作文授業の時間配分イメージ

てくれた作文の書き方を覚えきれていないのに、自力で作文を書かなければならないのですから、どうしても間違いが多くなってしまうのでしょう。伝説の国語教師大村はま先生はその著書の中で、教師が介入せずただ書いているところを見ているだけで子供が名文を書けるなら、その子供はもう学校を卒業できるのではないか、ということを書かれていますが、これは日本語学習者においても同様ではないでしょうか。

　作文教育の反転授業ではピア活動をすることも多いですが、「完全習得学習型」では、ピア活動を必ず取り入れる必要はありません。むしろ日本語での作文の書き方をしっかりマスターしてほしいので、教師がそれぞれの学習者をきちんと見て、助言していくことが大切です。それぞれ個別対応しながら、多くの学習者がつまずいているところ、間違えているところは、一度学習者の手を止めて、説明してもいいと思います。まだ作文を書いていない状態で注意されてもピンと来ないことが多いと思いますが、書いている最中に自分の作文の中に先生が注意した点があれば、「そうなのか」と理解は深まります。

　最後には、必ず次回の授業までに作文をどこまで書いてくるのか、教師と学習者が確認する作業も必要です。学習者の作文を書くスピードはまちまちですから、時間内に書き終わらない学習者もいるでしょう。時間内で

書き終わった学習者には、少なくともこれまで勉強した文法、特に動詞や形容詞の活用に間違いがないか自己チェックするように促す、まだ書き終わっていない学習者には、次回までに完成させるように言うなど、個人に合わせた課題を設定します。

②高次能力学習型

Case3 アルバイトなどで忙しい学習者が多いです。プロジェクト学習では授業時間を有効に使ってグループ作業をしてもらいたいと思っています。

Answer3 「高次能力学習型」の反転学習で、授業外に個人でできることの指示を明確にし、クラス内では主にグループ活動のまとめができるようにしましょう。

レベル：中上級、大学生など
学習目標：目的に合わせ情報を集め、それを元にグループで発表を行えるようになる。
時間：60〜90分
準備するもの：動画　プリント　参考資料など
事前学習：その週にしないとならない個人課題の指示と課題遂行のための具体例などの提示。

　反転授業の動画は導入部分であることが多いですが、例えばプロジェクト学習においては、教師が教えることは意外と少ない場合もあります。そのような場合でも、課題遂行のための手順や、集めなければいけない情報の具体例など、学習者に知らせたいことはたくさんあります。そこで、プロジェクト学習を「高次能力学習型」の反転授業にし、学習者への指示を

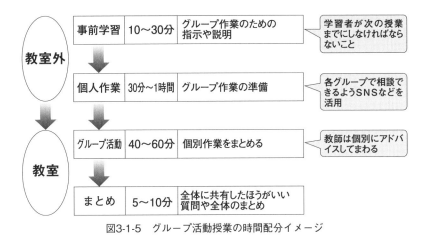

図3-1-5 グループ活動授業の時間配分イメージ

動画やプレゼンテーション資料にしたらどうでしょうか。

　もちろん、毎回指示をプリントにして配布してもいいですが、プリントはなくす学習者も多いですし、後で読もうと思って次の週の授業前に読む、ということも少なくありません。例えば、動画の配信を授業後1日だけに設定しておき、その間に動画の視聴ができなかった場合は内容を教師に聞きに行かないとならないなどの工夫をして、作業時間を確保するなども考えられます。反転授業の動画は、「見ておかないと授業で損をするぞ」と思わせることが大事でもあるので、プロジェクト学習においては、自分が見ないことで他の人にも迷惑がかかると認識させる手段にもなります。また、グループといっても全員が親しいわけではありませんから、「作業どうなってる？」と気軽に連絡できないケースもあるでしょう。そんな時に動画があれば、「動画見た？　私たちのグループではどうする？」という確認作業のきっかけも生まれると思います。

　動画やプレゼンテーション資料で指示できることは、たくさんあると思います。授業開始時であれば、授業の目的や注意点、テーマを選ぶためにどんな情報を調べないとならないのか。初めてプロジェクト学習をする場合には、グループ活動のルールなども共有しておくといいでしょう。活動が中盤になれば、発表準備についての注意点を知らせておきます。

日本語学校などで学ぶ留学生にとって、授業外の時間にグループで集まるのは大変です。教師の目の届かないところでグループで集まって作業をすると、フリーライダーに目が届かず、結局責任感がありできる学習者ばかりが作業を進めることになったり、学習者が活動に不満を持つ元になったりします。この反転授業を利用したプロジェクト学習では、時間のない学習者に無理に授業外でのグループ活動時間をさせるのではなく、また、短い授業時間内で大急ぎで全ての活動をするのでもなく、グループ活動外の個人でできることや、個人の担当に関することを動画などの指示により事前事後学習にし、授業中は純粋にグループ活動に集中させます。教師は、各学習者の担当がきちんと遂行されグループとしてプロジェクトが進んでいるか授業で確認できるため、フリーライダー防止にもなります。そして、授業時間を有効に使うことができます。

反転授業を導入するための一言アドバイス

　ある教育工学の大家と日本語教育と反転授業について話していた時、その先生は、「日本語教育と反転授業はとても親和性があるので、どんな授業にも取り入れられるよ」とおっしゃっていました。紹介した例にとらわれず、色々な授業でチャレンジしてみてください。

2 ブレンディッドラーニングで授業改善

　ブレンディッドラーニングとは、文字通り学習に様々な手法やメディアを組み合わせるものです。2章で説明した通り、反転授業もブレンディッドラーニングの下位分類に当たります。ブレンドの仕方は目的に合わせて様々で、学習の目的や学習者の状況に合わせて適切な組みあわせを選べば、学習効果が期待できます。ここでは、主に練習を授業外で行う方法を紹介します。

①アプリやサービスを利用する

Case1

クラス外の学習時間を増やしたいのですが、紙の宿題はチェックが大変ですし、学習者はすぐにプリントをなくしてしまいます。それに、学習者はアルバイトなどで忙しいので隙間時間に練習できれば……。授業準備を考えるといくつかのクラスで同じ教材を使いたいです。また、今まで作った練習用プリントはたくさんあります。

Answer1

そんな時こそ、ブレンディッドラーニング。練習問題をデジタル化して、スマートフォンなどでも取り組めるようにしましょう。ブレンディッドラーニングは、レベルや学習内容は問いませんので、小テストをオンライン化することもできます。

レベル：初級～
学習目標：クラスで学んだ基本的な知識の確認と定着を図る。
時間：授業時間60～90分、オンラインテスト20分程度

利用するICT：オンラインテストが作成できるアプリやサービス

　アクティブな活動をする時間を確保するために、反転授業にすることもできますが、講義内容を考えると動画がかなり長くて学習者の負担が大きくなってしまうことがあります。そのため、授業時間内は通常の講義と活動を組み合わせて行い、毎回の確認テストをデジタル化してオンラインテストとし、事前事後学習とするブレンディッドラーニングにします。オンラインテストのルールは、授業後、どこで何回やってもいい、わからない問題は教科書や自分のノートを見てもいい、とします。基本知識を覚えることは大事ですが、1回の授業で全てを覚えられるわけではありません。丸暗記をさせてテストが終わったら忘れてしまうというのではなく、知らないことはその都度調べるという習慣も身に付けてほしいと考えます。

　確認テストをオンラインテストにする利点としては、まず、全員分を採点しなくて済むという点です。このようなオンラインテスト（ドリル）は、解答を送信すると自動採点とフィードバックが返ってきます。学習者はその場で自分の結果を知ることができるというのも、利点の1つと言えるでしょう。テストが自動採点されると当時に、学習記録も自動で保存され、「Excel」などにダウンロードできるので、管理も簡便化できます。また、複数のクラスで同じテストを使用できるので、学習内容の質の均一化が測れます。そして、これは副次的なものですが、教室外で受けられ何度でもやり直せるので、いい点数になるまで何度もテストを受ける学習者が現れます。このような学習者の行動は、知識の強化につながります。

▶どんなシステムが使える？

　オンラインでテストを作って公開するというと、専門的なスキルが必要では？と思う人もいるかもしれませんが、現在、テストが作成できるサイトやアプリは無料のものが色々あります。いくつか見てみましょう。

図3-2-1　テストなどが作成できるサイトの例

　Quizlet　https://quizlet.com/ja
　単語帳、フラッシュカード、ゲームなどの機能があり、基本は無料ですが、管理機能が付いている教師向けの有料版もあります。Googleが提供している「Google Classroom」と連携も可能です。同じ問題を複数の出題形式にできるので、「フラッシュカードで定着練習→別形式で確認テスト」のようなこともできます。

　Kahoot!　https://kahoot.com/
　4択早押しクイズができる無料webサービスで、問題作成にはパソコンが必要です。「Quiz（選択式）」「Jumble（並べ替え）」「Discussion（ディスカッション）」「Survey（会場アンケート）」の4つの形式から選択でき、リアルタイムで順位（1位〜5位）も表示できるので、ちょっとした競争にも使えます。2017年には「自習モード」も加わり、課題を教室外でも行えるようになりました。

　これらのサービスのよいところとして、学習者はスマートフォンからアクセスできること、そして、インターフェースも感覚的にわかりやすい点が挙げられます。教師として便利なのは、オンライン上に自分のクラスを作れる機能があるものもあること。そしてもちろん、問題は使い回しができます。教師がその問題を削除しない限り、学習者は何度でも勉強できるのでテスト前の復習などにも使えます。

解答形式も色々選べるので、例えば択一式の問題ではなく、動詞の活用を入力させるというような練習もできます。スマートフォンは、多言語での入力が簡単に切り替えられますので、初級の授業にも取り入れられます。代表的な機能とそれを使ってどんなことができるかを紹介します。

● 択一式問題

　どのサービスにもある基本的なオンラインドリル機能です。単語や文法、読解などに、幅広く使えます。サービスによっては画像や音声、動画を取り込むこともできるので、聴解練習などの問題が作れるものもあります。

● 穴埋め問題や解答を直接入力する

　スマートフォンやタブレットPCの入力機能を使うと、そのサービスのメイン言語が他言語でも簡単に日本語入力ができます。穴埋め問題や直接解答を入力する形式にすれば、助詞、動詞活用、漢字の読み、単語の意味確認イエス／ノー問題なども作れます。また、記述解答の問題もできますが、自動採点はできません。この場合は、模範解答を自動フィードバックとして見せておき、学習者の解答は教師が採点することになります。

● フラッシュカード

　「Quizlet」には標準装備されている機能で、イラストや写真を入れることも可能です。教師だけでなく学習者でも作ることができるので、教師が作ったものを配布するだけでなく、自分だけのフラッシュカードを作ってみるという課題を出すのもおもしろいと思います。

　そのほか、Goolgeのアンケート用のサービスである「Goolgeフォーム」も、テストのように使うことができます。もし、ご自身の所属機関に「Moodle」などのLMS（Learning Management System）がある場合は、その中にクイズ作成機能が必ずあるので、それを利用するのがいいと思います。無料サービスは、無料であるがゆえにマニュアル本がないものがほと

んどです。ネットを検索すると説明サイトなどもあるのですが、勝手がわからず挫折してしまうこともあるかもしれません。まず、自分が学習者となって色々使ってみてから、クラスに導入するといいと思います。また、質問できる環境は大事なので、周囲に使っている人がいるサービスを選ぶのも、1つの方法です。

②研究者が開発した学習支援サービスを利用する

　次に、日本語教育や言語学、音声学などの研究者が、科研費などにより研究開発した学習支援サービスを授業と組み合わせる方法を紹介します。これらはCALL（Computer Assisted Language Learning）と言われることがありますが、ここではブレンディッドラーニングとして紹介します。 紹介する学習支援サービスは、研究とそのエビデンスに基づいて開発されています。そのため、誰がどのような目的で開発したかがわかるので、セキュリティの面でも安心して利用することができます。また、開発者による講習やワークショップが開かれることがあるので、教師自身の学びにもつながります。

> **Case2**
>
> 　実力にあった語彙を使って作文を書いてほしいんですが、辞書やネットで調べた語彙などをそのまま使って、内容に合わない難しすぎる単語を使う学習者が多いです。また、長すぎる文を書いて意味がわかりづらくなってしまうケースも目立ちます。自分で書いたものを推敲してから提出してくれればいいんですが、自分自身では間違いやおかしいところが見つけられないので、見直す習慣がなかなか身に付きません。

> **Answer2** 自分が書いた文章を自己推敲するのは、母語話者にとっても難しいものです。日本語学習者向けのオンライン作文チェックサイトで学習者が自分で書いた作文を客観的にチェックする手順を授業に組み込みましょう。

レベル：中上級〜上級
学習目標：辞書やネットで調べた語彙などをそのまま使うのではなく、実力にあった語彙を使って書けるようになる。
時間：授業時間60〜90分＋自習時間
利用するICT：日本語教育専門家が開発し公開している作文添削サービス

　日本語学習者向けの日本語のレベルを判断するオンラインサービス（「リーディングチュウ太」 http://language.tiu.ac.jp/）や、日本語学習者のライティングのレベルなどを診断してくれるオンラインの作文添削サービス（「jReadability Portal」 https://jreadability.net/）があります。これらのサイトは、2000年ごろから開発されてきましたが、自動添削システムではないので、残念ながら助詞や文法の間違いはチェックできません。では、何ができるかというと、例えば、日本語能力試験のレベルの中でどのレベルの語彙を多く使用しているかわかる（「リーディングチュウ太」）、文書の難易度が数値で示される（「jReadability」）、日本語作文レベルの到達度を判定する（「jWriter」）といった機能があります。
　「jReadability」の「日本語文章難易度判定システム」では、レベルによってリーダビリティ（読みやすさ）の値が算出されています（李2016）。作文のチェック結果は、数値で機械的に示されるため、客観的に自分を振り返ることができます。また、「jWriter」の「学習者作文評価システム」では、書いた文書のレベルを判定するだけでなく、「語の多様性」、「漢語力」、「長文作成力」、「難解語」の4つの項目について判定しコメントを返します。「リーダビリティの数値を決めておく」、「『jWriter』のグループ平均以上になるようにする」など、学習目的やレベルに合わせて提出基準を決めてお

きましょう。毎回作文の提出までに必ずチェックをすることにより、見直しのポイントに注意が向き、ただチェックするだけでなく自己推敲の手順も組み込めます。

　教師にとって便利なのは、ここで紹介したサイトには質問掲示板があることです。使ってみて疑問に思ったことを開発者に直接聞くことができます。

Case3 クラス内のプレゼンテーションやスピーチコンテストなど、全ての学習者の口頭発表を指導する時間が取れません。また、口頭で指導しても、直さなければいけないポイントを、学習者が理解できないこともあります。

Answer3 オンラインアクセント辞典を使って、学習者自身に口頭発表の練習をしてもらいましょう。アクセントのピッチパターンが表示されるので視覚的に確認でき、合成音声の生成機能もあるので発音を聞いて練習することができます。

レベル：初級〜上級
学習目標：日本語のアクセントやイントネーションを意識して、口頭発表ができるようになる。
時間：授業時間＋自習時間
利用するICT：オンライン日本語アクセント辞典

　「OJAD（オージャッド）」(Online Japanese Accent Dictionary　http://www.gavo.t.u-tokyo.ac.jp/ojad/)は日本語のアクセントが調べられるなど、様々な機能を持つオンライン日本語アクセント辞典です。その中の便利な機能に、「韻律読み上げチュータスズキクン」があります。その名の通り、テキストのピッチパターンを表示してくれます。「OJAD」のサイトによる

と、「形態素解析、アクセント句境界推定、アクセント核推定などの技術を用いているため、精度は100％ではありません」ということですが、大まかな練習を個人でするのにはとても便利な機能です。多言語対応ですし、ピッチパターンの表示も、初級と上級者向けなどいくつかに分かれているので、初級学習者でも利用できます。

　例えば、クラス単位でスピーチ大会の予選に臨む場合、教師が全員の口頭発表練習を一から見ることは大変です。学習者同士のピアチェックというのも、ことこの分野においては難しいでしょう。そこで、「韻律読み上げチュータスズキクン」を使い各自が練習し、クラス内で発表します。その後、クラスの代表者に対して教師が最終的な指導を行います。何度かクラスで使い方の練習をして、授業外での自学自習に入るようにします。

　スピーチ大会の多い中国では、かなり利用者が多いという話を聞いたことがあります。スピーチ大会に限らず、クラス内発表や面接の練習など、使い方は色々ありそうです。開発者によるワークショップが日本だけでなく海外でも定期的に行われているのも、教師にとって魅力です。

ブレンディッドラーニングを導入するための一言アドバイス

　ブレンディッドラーニングのやり方は星の数ほど考えられますが、練習にゲーム性を取り入れると、学習者の興味を引き競争心も学習に利用することができます。また、公開されている学習支援システムを授業と組み合わせるという方法も便利です。最初は、ちょっとした練習や復習などから導入していくと、教師側の負荷も高くないと思います。

3 CSCLで授業改善

1章でIT技術の得意なことという話をしましたが、それが最も活かされるのがCSCLと言えるかもしれません。ここでは、web会議システムやビデオ通話を使った交流プロジェクトや、情報共有のツールを使った授業を紹介します。

①キャリア教育のためのオンライン対面交流

Case1

学習者は、アルバイトと日本語クラス以外で日本語を使う機会が少ないようです。できるだけ多様な日本語に触れてほしいし、学習者同士の交流などもしてみたいです。

Answer1

web会議システムや無料のビデオ通話サービスを使って、オンライン対面交流をしましょう。これまで話すことのなかった人たちと交流することができます。ここでは、2国間で行ったキャリア教育のプロジェクトと、学習者同士が連絡を取り合い交流を行うケースを紹介します。

レベル：中上級
学習目標：日本で就職するためのキャリア教育や就活準備をする。
時間：オンライン対面交流45分を1〜数回
利用するICT：「Skype」や「Zoom」などのweb会議システム、SNSのグループ機能や「Chatwork」や「Slack」などのビジネスチャット、「Edmode」などの学習用SNS

日本で就職したいと思う日本語学習者は多いと思います。しかし、日本の就活は複雑なシステムで日本語学習者にはとっつきにくく、また、日本で働くことに不安を感じている学習者も多いでしょう。そこで、ICTを利用して就活やキャリアについて考えるプロジェクトを行ってはどうでしょうか。自国の就活と日本の就活の仕組みの違いを自分たちで調べ、就活までのマイルストーンを考えたり、web会議システムを利用して、普段会うことができない人にインタビューし、リアルな情報を自分たちで得ます。例えば、実際に日本で働いている先輩に就活の方法や大変だった点を質問したり、現在の仕事のやりがいや難しさなどをインタビューする。もし、教師のつてがあるなら、日本国内の企業で働いている知り合いに声をかけ、どんな人材が求められているか、話をしてもらうのもいいと思います。このような活動を通して、日本での就活や就職の現実を感じることができ、日本での就活への意欲を高めることができます。

▶対面授業

対面授業の最初には、必ずガイダンスを行い、利用するシステムや交流のルールなどを確認しましょう。そして、毎回の交流の前後に、テキスト交流やオンライン対面交流の準備、そして、オンライン対面交流の振り返りなどを行います。グループでのオンライン対面交流では、どうしても日本語力があり積極的な性格の参加者の発話が多くなってしまいます。限られた参加者ばかりが話してしまうということを避けたいなら、発表当番や質問当番を決めるといった手当も必要です。そういったことも、対面授業で確認しておきます。

▶テキスト交流

オンライン対面交流の前に掲示板やSNSを使ってテキストで情報のやり取りをすることは、日本語学習者にとってはリアルな日本語の学びになります。事前に相手の書き込みを読んでおくことは、オンライン対面交流でどんな質問をするのかの予習にもなりますし、テキストでのやり取りは評価対象にすることができます。書き込みを評価する場合には、活動の

ルールを決めておくことが重要です。例えば、自分の意見を書くだけでなく、クラスメートの書き込みに必ず決まった回数コメントしないとならな

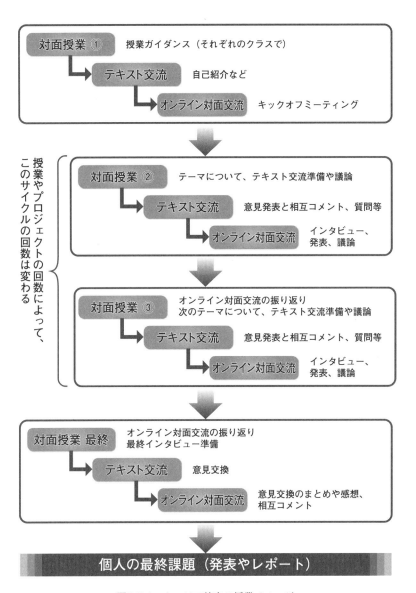

図3-3-1　キャリア教育の授業イメージ

い、などです。

　テキストでの交流ですが、以前だと掲示板が一般的でしたが、最近ではSNSを利用することも多いでしょう。「Facebook」では、友達申請しなくても参加できるグループ機能があり、限られた範囲に公開することができるので便利です。ただし、SNSには個人情報が開示されているため授業で利用することを嫌がる学習者もいるかもしれません。その際には、Case2で紹介するようなオンライン情報共有ツールを使ってみましょう。

▶オンライン対面交流

　テキストで情報のやり取りをした後は、web会議システムで対面交流をします。交流の仕方は様々です。プレゼンテーションと質疑応答もできますし、ディスカッションもいいでしょう。ただし、現在でもタイムラグにより会話がワンテンポ遅れて聞こえることがあるので、教師は発話のやり取りに注意をして、発話が重なったり沈黙が続くのを防ぐ手助けをします。web会議システムには様々なものがあります。現在、日本語教育だけでなく、様々な分野で利用されているのが、「Zoom」です。「Zoom」は無料のものは時間制限がありますが、それでも便利な機能を利用することができ、複数の参加者を小グループにして交流できる、ほかにはない機能もあります。この機能を使えばグループワークや密度の濃いディスカッションも可能です。

　オンライン対面交流では複数地点を結ぶことが可能になっているので、学習者同士の交流だけでなく、一般の人に加わってもらうこともできます。私が担当したあるプロジェクトでは、最後のオンライン対面交流で日本の企業で働く方々へのインタビューを行いました。このインタビューにより、双方の参加者はそれぞれの国の就活の特徴を理解し驚いたり感心したりすることだけにとどまらず、日本の就活ではどのような点を評価しているのかなど具体的な話を聞くことができました。セッション終了後、「これまで日本で就職することは考えたことがなかったけれど、興味がわきました」と話す交流先の日本語学習者もいました。また、日本側の参加者も実際の就活時とは違ってカジュアルな雰囲気で色々質問でき、就活に対し

て前向きな気持ちになれたようです。

　誰を呼ぶかは、授業やプロジェクトの目的により様々です。日本語母語話者にこだわる必要もないと思います。目的に即して日本語を使ってコミュニケーションすること。そのために、学習者が話したい！と思うようなオンラインビジターを考えたいですね。

②学習者同士（個人、少人数）のオンライン対面交流

　オンライン対面交流というと、教師立ち合いで一斉に行う場合が多いです。それは、授業活動であることだけでなく、ペアを組んでいる学習者同士で関係性をうまく築けず交流が滞るなどの事態に対処するためです。しかし、例えば学習者同士が交流する場合、教師がそこまで見張っていなければいけないものでしょうか。この授業では、オンライン対面交流を授業時間外に行い、交流時間やどんなシステムを使って交流するかは、参加者同士に任せます。特に、大きな時差がある国の人たちと交流する場合にお勧めです。

レベル：中上級〜
学習目標：学んだ学習言語を使って交流する、異文化を理解する。
時間：30分程度のオンライン交流＋事前の準備授業各1〜数回、交流後のキャッチアップ授業1〜数回、これを学期や目的に合わせて数回行う。
準備するもの：タスクシートなど
利用するICT：SNSに標準装備されている通話や「Skype」や「Zoom」などのweb会議システム

　ICTを使った交流は、学んだ日本語のアウトプットに適しています。日本語を学ぶクラスだけでなく、日本文化や日本研究、異文化コミュニケーション、異文化理解などの授業内で活用できます。そのため、日本語学習者と学習者の母語を学んでいる日本人学生、場合によっては、遠く離れた場所で日本語を学んでいる学習者同士が交流するなど、様々な組み合わせ

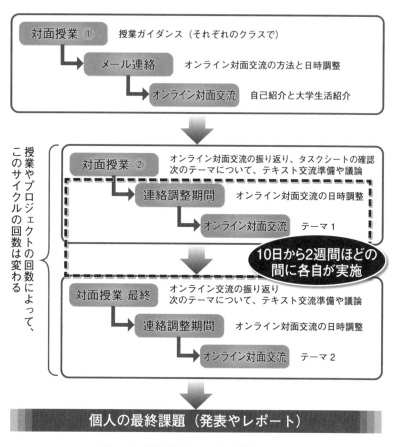

図3-3-2　学習者同士の交流の授業イメージ

が考えられます。また、交流スケジュールもそれぞれのニーズに応じて変更できます。

　参加する学習者がそれぞれの授業の中で何をするかですが、日本語を学ぶ参加者は、日本語での事前準備を授業内で行うことが多いと思います。しかし、双方の活動を全く同じに合わせる必要はありません。

　私が行った交流プロジェクトで、参加者が使った通信システムは「Facebook Messenger」のビデオ通話、「LINE」のビデオ通話が多かったです。

何を使うかは、交流準備の際に教師がいくつか紹介するといいですが、実際に参加者双方が使いやすいものを使えば、どんなものでもいいと思います。

　実際にオンライン対面交流をどのくらいの長さで行うかですが、時間の下限を決めておきましょう。英語のオンラインレッスンではだいたいワンセッション25分のことが多いので、オンライン対面交流でも30分としておけばある程度話ができるでしょう。ただし、30分で絶対に話をまとめなければならないということではなく、お互いの時間が許せばもっと話してもいいということにしておきます。実際のケースでは、「楽しくて１時間半くらい話しちゃった！」ということがよくあります。

　注意点として、このようなオンライン対面交流を実施する場合、セッションを行う期間に注意が必要です。お互いに連絡していつ交流するかを決めるプロセスも必要なため、余裕を持ってスケジュールをします。１週間だと少し短く、10日から２週間くらいの間に交流するくらいのスケジュールだと、参加者も慌てずにすみます。

　また、単にお話をして終わりとならないために、タスクシートを用意します。一斉交流と違って、教師は個別のオンライン対面交流の様子を見ていることができません。タスクシートを利用すれば、きちんと交流が行われたかどうかチェックができます。日本語学習者は、まず対面授業でこのタスクシートを書き、交流の準備をします。タスクシートは、自分の意見や考え、調べたことを記入するだけでなく、必ずオンライン対面交流での意見交換をメモし、まとめる項目を設けます。同じタスクでの交流でもメンバーが違えば様々な意見が出ますから、それを事後の授業で共有し、１回のオンライン対面交流のまとめとします。

　ある程度学習者の自主性に任せてはどうか、というのがこの授業ですが、もちろん教師は交流がうまくいくように気を配らなければなりません。オンライン対面交流が教師の見ていないところで行われるからこそ、事前事後のクラス活動が重要です。問題が起こってもはっきり言えない参加者もいると思いますが、事後のタスク共有の中でうまくいかなかった点などを話し合ううちに問題が見えてきます。双方の教師は連絡を密に取

り、オンライン交流の目的を共有し、トラブルがあった際には協力して対応します。

　ビデオ通話などを使ったオンライン交流は便利ですが、それでも対面で話すのと比べるとまだ制約があります。参加者が無意識にしている行動が、画面の向こう側から見ると何をしているかわからず不審に思ったり、また、恥ずかしいからとカメラをオフにする学習者もいます。ちょっとしたことがグループのラポール形成に影響するので、特に開始直後は教師間の情報共有もこまめに行います。

③オンラインの情報共有ツールを使った活動

プロジェクトやディスカッションをしても、各人がどんな風に話したとか、またその中で自分の意見がどうなのかなどが見えてこないし、ディスカッションを活動に反映するだけで、「やりっぱなし」のように感じています。学習者に聞けば、「話してます」「まとめました」と言うんですが、それでいいのか……。

オンライン上の情報共有ツールを使って、活動を可視化しましょう。また、使い方によっては掲示板のようにコメント交換ができます。

科目と日本語レベル：中上級
目的：情報を共有し学びを深める。
時間：各授業の中で、必要に応じて
利用するICT：Googleのデータ共有サービスやQRコード作成サイトなど

　まず教師がテーマに沿った講義を行い、学習者はそのテーマについて情

報を調べたり、ディスカッションをする。このような授業の場合、クラスの人数によっては、全てのグループの活動を細かく教師が見守れないこともあります。また、グループ活動のまとめを発表させても、学習者が個別にどのように思ったのかがわかりません。また、アクティブラーニングには、「ディスカッションさせればアクティブなのか」、「ディスカッションをしても学びが深まらない」という批判があります。学びを深めるためには、ディスカッションやグループ活動などをやりっぱなしにしない工夫が必要です。

そこで、Googleのサービスを使い情報共有をします。Googleの「スプレッドシート」や「ドキュメント」はスマートフォン用アプリがあるため、コンピュータがなくても利用できます。教師は授業前に、自分のGoogleアカウントで授業で使う「スプレッドシート」や「フォーム」を準備しておきます。この教師が作った「スプレッドシート」「フォーム」をすべての学習者で共有し、1つのファイルに書きこんでもらいます。そして、無料サイトを利用して学習者配布用のQRコードを作成し、学習者に配布すれば、授業ですぐに利用することができます。

● Google スプレッドシート（https://docs.google.com/spreadsheets/）
「スプレッドシート」は、一見するとMicrosoft社の「Excel」に似ています。実際、操作もほとんど同じです。そのため、「Excel」ファイルとして自分のパソコンにダウンロードすることができます。授業では「スプレッドシート」を以下の目的で利用します。

- グループでのディスカッションの結果を報告する
- グループのディスカッションの前に、自分の意見を書きこむ
- グループでのディスカッションの結果を受けて、自分はどう思うようになったか、個人の意見を書きこむ
- 宿題の記入
  →ディスカッションやグループ活動を「やりっぱなし」にしないための工夫

例えば、宿題として紙で提出させると、学習者の考えは教師しか知ることができません。しかし、オンライン上の「スプレッドシート」にアップしてもらうと、教師だけでなく学習者もアクセスするので、他の学習者の考えを知ることができます。また、グループとして１つの意見にまとめたとしても、それは全員の本意でないこともあるでしょう。お互いに少しずつ妥協して意見をまとめるというのはよくあることです。そのようなプロセスも大切ですが、個人の意見も聞いてみたい。個人の意見を書いてもらってからグループ活動に進むと、学習者も自分の意見を一旦まとめてから活動に入れるため、意見が言えないということもありません。その逆に、グループ活動を行ってから個人の意見を書くと、する前とは違う視点が得られ、考えが深まります。

　「スプレッドシート」への記入は成績評価の対象にすると学習者も記入するようになります。記入してもらったオンライン上のデータは、「Excel」

「Excel」と同じようにシートを追加し、授業のある期間中、学習者は同じURLからアクセスできるようにする。

図3-3-3　「スプレッドシート」の記入例

形式でダウンロードもできるため管理も楽です。また、学習者の個人情報部分は隠すことができるので、誰が書いたか匿名性を守ることもできます。

　問題点としては、自分が入力した時に、上下前後の人の書き込みを間違って消してしまうという点があります。初めて使う人がほとんどだと思うので、授業の最初に自己紹介など簡単なタスクで入力練習をして、一緒に作業してみます。

● Googleフォーム（https://www.google.com/forms）
　「Googleフォーム」は、アンケートや申し込みフォームなどを作れます。最近はテスト機能もでき、様々な教育利用が考えられます。ここでは、授業の振り返り（リフレクション）や最終の口頭発表の投票や相互コメントにフォームを利用します。

　私は以前、授業のリフレクションには、大福帳をアレンジしたものを使っていました。しかし、学習者からのコメントを授業のスライドで共有したい場合、教師がコメントを別途入力しないとならず、手間がかかってしまうのが悩みでした。また、留学生の場合日本語力の問題があり、その場で書かせて集めるリフレクションシートでは、結果的にリフレクションの意味をなさないケースも見られました。そこで授業の最後に「フォーム」のURLを共有し、次の日の朝までに入力してもらう方法に変えたところ、格段にコメントの量が増え、質問も送られるようになりました。質問が増えたことで、前回の授業でどんな点の説明が足りなかったのか、また、新たな疑問などに答えることもできるようになり、キャッチアップが充実しました。

　次に、発表の際の「フォーム」利用についてです。発表を聞いた後に質疑応答を行うのが理想だと思いますが、なかなか質問が出ないという悩みを持つ教師は多いのではないでしょうか。特に大人数のクラスでは気後れしてしまう学習者も多く、活発な活動にならないという悩みが私にもあります。そこで、あえて全体発表する時には質疑応答にこだわらないで、3〜4人程度の小グループに分けて発表するというスタイルにしました。し

図3-3-4 「フォーム」によって集計された投票結果

かし、クラス全員の前で発表するスタイルの時には、聞いている学習者に、きちんと発表を聞いてほしいです。そこで、いいと思ったグループへの投票、全ての発表グループへのコメントなどを「フォーム」を使って課題として提出します。

元々アンケート用のサービスなので、結果は上記の図のように集計してくれます。それだけでなく、「フォーム」で入力されたものは、「スプレッドシート」に変換して保存できますので、保存したり評価する時も便利です。

● QRコード

私は授業では、オンライン上の公開データであれば、全てURLをQRコードにして学習者に紹介しています。現在は、多くの論文などもオンラインで公開されていますので、参考資料も筆者や資料名だけでなく、ダウンロードできるURLなどもQRコードで配布します。パソコンでいちいち見るのは面倒と思う学習者も、QRコードでスマートフォンから見られるのであれば、見てくれることが多いからです。

URLだけでなく、住所や文字などもQRコードに変換可能で、無料で

変換できるサイト（「QRのススメ（https://qr.quel.jp/）」、「QR コード.jp（http://www.qr-code.jp/）」）がありますので、課外活動の集合場所連絡などにも便利です。

CSLC を導入するためのアドバイス

　インターネットの特性が活かせ、学んだ外国語を実際に使える場を作ることができるのがCSCLです。反転授業とは違う意味で授業に取り入れやすいので、全ての授業をCSCLでということではなく、単発で取り入れることから始めるのがいいと思います。

4 "初めの一歩"を考える

これまで、日本語教育にどのようにICTを取り入れるか、歴史や理論、実践例を紹介しました。それでもまだ、何から手を付けていいかわからないという人もいるかもしれません。ここでは、"初めの一歩"をどう踏み出すかについて考えていきます。

Case1 コンピュータやインターネット、SNSに苦手意識があります。そのためか、ICTを使った学びにもイメージがわきません。

Answer1 eラーニングコースで何か学んでみましょう。自分が学習者としてICTを利用した教育を体験することで、授業に役立つヒントを得られます。

利用するICT：JMOOC、Coursera、edXなどのMOOC（Massive Open Online Course）

「JMOOC (https://www.jmooc.jp)」は、無料で学べる日本最大のオンライン大学講座です。「gacco」、「OpenLearning. Japan」、「OUJ MOOC」、「Fisdom」という4つの配信プラットフォームからなり、講座には、「大学が提供する大学通常講義相当の講座」、「専門学校・高等専門学校が提供する講座、公的研究機関推薦講座、学会推薦講座」、「大学が提供する特別講義および公開講座相当の講座、企業等が提供する講座等」という3つのカテゴリーがあります。

「JMOOC」の基本的な学習は、1週間に1単元、動画を5～10本程度視聴し内容確認の小テストを受けます。単元ごとに課題がありそれを期限

図3-4-1 「edX」の早稲田大学による発音講座

内に提出しますが、小テストのスコアと課題の提出により、コース修了の認定が得られます。「JMOOC」の各コンテンツの作りは、現在のeラーニングでよく見られるスタイルなので、初めてeラーニングで何かを学ぶ人にお勧めです。意外とシンプルな作りにびっくりする人もいるかもしれませんが、そういうことを体験すると教育へのICT利用へのイメージが変わるきっかけになります。また、講座も趣味の範囲から専門的なものまで色々あるので、自分の興味がある分野を受講してみるといいと思います。

英語が得意な方には、「Coursera（https://www.coursera.org/）」や「edX（https://www.edx.org/）」もお勧めです。「edX」には早稲田大学が開講している日本語発音講座（https://www.edx.org/school/wasedax）も開講されています。このような日本語学習者向けのコンテンツに参加してみるという手もあります。

日本語学習者向けでは、独立行政法人国際交流基金の「JFにほんごeラーニングみなと（https://minato-jf.jp/）」に登録して使ってみるのも勉強になります。

コンピュータが苦手という人は、やはりコンピュータを使って何かをする経験が多くなかったことが考えられます。オフィスで使うソフトなどのスキルアップはコンテンツ作成の役に立ちますが、自身の授業にどのようにICTを組み込むかという点では、あまりヒントになりません。また、いきなり有料のeラーニングというのも敷居が高いですので、このような無料かつ良質なeラーニングを利用して、ICTを利用した学びの雰囲気を感じてみましょう。

▶オンライン外国語レッスンを受けてみる

そのほかには、オンライン外国語レッスンを受けてみるというのもいいと思います。web会議システムを使った外国語レッスンは、特に英語では主流になりつつあり、受講料もお手頃です。オンラインレッスンは、今後の外国語学習では一般的になってくると思いますし、日本語でもニーズが増えているようです。英語のオンラインレッスンの場合、テキストを使うか使わないか、どのようなメソッドで教えているかなど、各オンラインスクールで違いますので、いくつか体験レッスンを受けて、それぞれのやり方を見てみるのも勉強になります。

Case2
ICTを使った授業にチャレンジしたくなりました！現在、レベルの違うクラスをいくつか担当しています。どんなレベルやクラスから取り入れると、慣れていない人でもやりやすいでしょうか。

Answer2
教育へのICT利用では、学習者に使い方や学び方を説明するのが重要です。ですから、日本語の説明がある程度わかる中級以上のクラスや、媒介語を使えるクラス、また、プライベートレッスンなどから取り入れてみましょう。

現在、日本語学習者のほとんどはデジタルネイティブだと思います。しかし、教師と同じように決まった使い方しかしていないことも多く、すんなりとICTを利用した教育に馴染めるとは限りません。また、授業の中でICTツールの使い方や、評価はどうなるのかなど、説明しなければならないことも多いです。教師と学習者に媒介語がある場合はいいのですが、国内の日本語学校の多言語環境の授業の場合、初級レベルの授業にICTを取り入れると、説明不足になる可能性があります。そこで、最初はある程度の説明が日本語でわかる中級以上のクラスや、プライベートレッ

スンで始めることをお勧めします。

▶中級以上のクラス

　中級以上のクラスは、日本語で使い方や評価方法などを説明できるので、使い方がわからなかったから勉強しなかったということが防げます。中級以上だと、オンラインドリルなどは簡単すぎて学習効果がないのでは？と思うかもしれませんが、逆に学習者が問題を作りクラス内で公開するなどの使い方ができます。もちろん、反転授業やCSCLも取り入れやすいレベルなので、ICT利用のバリエーションが広いです。

▶プライベートレッスン

　ICTをプライベートレッスンに取り入れる最も大きな理由は、学習者の最適解を教師が理解している点です。クラスの場合、学んでいるレベルは同じでも、理解のスピードや深さ、モチベーションや目的の違いなどがあり、どうしても授業では中庸を取りがちです。しかし、プライベートレッスンの場合は、学習者1人に向きあえるので、どうICTを取り入れたらいいか、学習者を見て決められます。また、学習者が普段どのようにICTを利用しているかを聞くこともできるので、どうICTを取り入れたら好まれるかもわかりやすいです。

　例えば、ビジネスマンでどうしても出張でレッスンに来られない日がある場合は、web会議システムを使ってオンラインレッスンに切り替えたり、授業資料を事前に送って反転授業にすることもできます。また、オンラインドリルも学習者の苦手ポイントに合わせて作ることができます。

▶それでも初級クラスでやってみたい！

　ここまで読んで、それでも初級でやってみたい！と思った人もいると思います。使い方をどれだけきちんと説明し、学習者がそれを理解できるかどうかが問題なので、媒介語環境にある教室では取り入れるのはそんなに難しくありません。しかし、多言語環境で直接法の国内の授業の場合は注意が必要です。

ポイントは、学習者がICTを使っての学びの方法をきちんと理解して、教師のいないところで学べるかという点です。ですから初級のクラスの場合、シンプルな使い方から導入し、全員がアクセスし学べるか、実際に対面授業で教師がいるところで試してもらいます。ちょっと触っただけですぐに使いこなせるようになる学習者がいる反面、アクセスからつまずく学習者もやっぱりいます。教室内で全員で試すことで、ICTを使った活動も授業の一環であることを理解し、わからない時には先生だけでなくクラスメートにも聞けるという雰囲気を作っておきます。実際、先生に聞くよりも母国語が同じICTに強い学習者に助けてもらうほうが理解が早いことも多いです。

　取り入れる手法としては、オンラインドリルやオンラインテストがよさそうです。また、初級の場合、日本語の説明を聞かないといけないような反転授業は、動画を作る教師にも、見る学習者にも負荷が高くなります。そこで、漢字の読みや文型の例文を読み上げるなどの"プチ反転授業"もいいかもしれません。

Case3　ドリルを作ってみましたが、初めてなので本当に使えるか、学習者に適しているか不安です。

Answer3　お互いの教材をチェックしたり意見交換をするために、SNSなどを利用して日本語教師のグループを作ってみましょう。

　最初は、練習用ドリルを作りたいけれど作り方がよくわからないことが多いですし、作ったものの問題に不安を感じる人も多いのではないでしょうか。また、いきなり授業で使うことに抵抗を感じる人もいると思います。そんな時は、仲間内で呼びかけてグループを作り、お互いに作ったものを

確認しあったり、実際に学習者として試してみましょう。人は、自分が作ったものの改善点には気づきにくいものです。そして、人が作ったものに対してなかなか指摘しにくい面もあります。そこで気心知れている仲間で勉強しあう体制を作れば、わからないところを質問でき、率直な意見も聞くことができます。

　グループ活動は、別段集まって行う必要はありません。一番簡単な方法としては、普段自分たちが連絡に使っているツール（「Facebook」、「LINE」のグループやメールなど）を使って、連絡したり意見交換をしたりします。新しいものを学ぶ時に、連絡まで新しい方法だと負荷が高くなるので、ICTに苦手意識がある場合は、できるだけ学びたいツールに集中できるよう、連絡手段は簡単なものを選びます。もう少しスキルアップを考える場合は、連絡するツール自体に新しいものを取り入れます。SNSでクローズのグループを作ってもいいですし、すでに紹介した「Google Classroom」や「Chatwork」などを使ってみるのもいいでしょう。

　学びあいの注意点ですが、1つ目は、使うツールを厳選すること。実際に授業で使わないようなものを選んでも意味がありません。ですから、どのようなICTを使うかを検討する前に、授業デザインを確認することが大事です。

　2つ目は、グループの誰か1人に負荷がかからないようにすること。こういう学びあいをすると、どうしても少しスキルの高い人の負担が大きくなります。わからないから勉強しているのに、なぜわかっている人に質問してはいけないの？という気持ちが出てくるかもしれません。しかし、相手も専門家なわけではありませんし、もしかしたら、質問されたことを調べてすでに回答しているかもしれません。自分でもまず調べてみて、「○がわからない」ではなく、「○の△がわからない」と具体的に質問することが大切です。

▶学びあいグループでのポイント

● どんなICTを利用するかだけでなく、授業デザインから考えてみる（学習者のレベル、学習項目、目的、クラス規模など）

- どんなICTを使うかは、目的に合わせて厳選する
- 1人に質問が集中するなど、負担が大きくならないようにする
  →ICTに苦手意識のある人でもネットを駆使して情報を探し、ギブアンドテイクの気持ちで！

"初めの一歩"へのアドバイス

　教師がなかなかICTを授業に取り入れられないのは、自分が学習者としてICTで学んだ経験がないことも1つの大きな理由です。そこで、まず学習者の経験をしてみましょう。その上で、できるだけ自分が無理なくICTを取り入れられる授業を探してみましょう。

> コラム

カイ日本語スクールのICT導入物語

倉本文子

　2015年。この年はカイ日本語スクールの歴史に刻まれる年になりました。iPadを全校に導入にして、授業のICT化への道のりを本格的に歩み出す年となったからです。このコラムでは、このドタバタの道のりを教務の我々がどのように進んできたかをお伝えしようと思います。

そもそもなぜICT化？

　きっかけは2011年の東日本大震災でした。この状況をどう乗り越えるかはもちろん、次にこんなことが起こった時に備えて、今何をしなければならないのか。どうすればリスクを小さくできるのか。我々はテクノロジーを利用した授業形態への転換にそのヒントを見出そうとしました。

校長からの「鶴の一声」

　とはいえ、具体的なアクションとして何をしたらいいのかわからず、その頃少しずつ開催されていた「反転授業」とか「ICT」等のワードを手掛かりに、シンポジウムや勉強会に手当たり次第に参加したりして、右往左往しているうちに時間が過ぎていきました。そんなある日、校長から突然「2015年全校iPadを導入します」という宣言がありました。校長は困惑する我々教務の様子を横目に、環境を整えるためのテクニカルスタッフを雇い、iPadのレンタルの契約と手配を指示し、予算の検討を始めました。「せめて段階的に導入しませんか？」という教務の提案も却下され、我々は2015年iPad導入に伴うICT本格導入という目標に向けて、ついに具体的な準備に本腰を入れざるを得なくなりました。

2015年までにしたこと

　プロジェクターの完備、Wi-Fi環境の整備、iPad貸与の手続きと設定までの手順の検討などなど、授業や学習に関するデジタル環境の整備はテクニカルスタッフが担当しました。それとは別に教務の仕事は大きく分けて二つ。デジタル教材の作成とICT授業を行うための全講師への研修でした。

1　オリジナルテキストのデジタル化の作業

　学生にiPadを有料で貸与している関係上、授業の中でそれを使う活動がなければなりません。学習用テキストでデジタル化してある教材は当時ほとんど存在していなかったので、まずは初級と中級のオリジナル教科書を「iBooks Author」というソフトを使ってデジタル化することから始めました。教務の誰もがそれまで使ったことのないソフトでしたから、どこをどうすればどうなるのかまったくわからず、教科書の文字を打ち込むことだけで精一杯。でも、ただ紙がデジタルになっただけのそんな教科書で学生が満足するはずがない。かといって、あれこれ考えても〈デジタル教科書〉がどんなものであれば良いかがわからない。そこで、私達は考えるのをやめて「今できることをしよう」と決めて、2014年から試験的に実践していた「反転授業」のための事前学習動画、会話練習や本文の音声データをその教科書に埋め込む作業に時間を使うことにしました。補完する予習や復習の教材のデジタル化も同時に進め、来る日も来る日もその作業に明け暮れました。

2　講師の皆さんへの研修

　当時弊校には非常勤講師の皆さんに使っていただくためのPCは揃えてありましたが、多くの人が「Word」や「Excel」を使うぐらい。「PowerPoint」などのスライドを作成したことがある人は少なく、多くの方は触ったこともない。ましてや授業でプロジェクターを利用する人は、ほんの一握りの講師に限られていました。そんな状況の中で全講師にiPadを持ってもらい、LMS（Learning Management System）を使って授業を管理運営し、それぞれの授業に「ICTを導入する」こ

とを全校共通の課題として取り組んでいただくことになったわけです。当然のことながら、不安や戸惑いの声が上がりました。教務である我々も「カイ日本語スクールが今なぜそうするのか」という説明はなんとかできても、「授業をどうすればいいのか」「今より学習効果が上がるのか」という声に対して自信を持って回答するだけの材料も知識もなく、双方にもやもやとした気持ちの残るやりとりが続きました。しかし、これをいつまでやっても埒が明かない。我々は再び「今できることをやる」と、考えを切り替えることにしました。

　まず、授業実施をサポートするために実施できる研修を準備しました。スライド投影ができるようにするための「PowerPoint研修」から始めて、iPadやLMSの使い方を身につけるための「iPad研修」、プロジェクターや「Apple TV」の「設備の使い方研修」、そして、反転授業を本格的に取り入れるために必要な「インストラクショナルデザイン研修」と様々な研修を用意して実施しました。それらを実施する際にも、「iTunes」などのLMS機能を持つアプリやサービスを使い、「使いながら覚えてもらう」ように工夫しました。

2015年からの道のり

　2015年の本格導入から2019年の現在までに4年経ちました。導入当初はトラブルの連続で、講師の皆さんにも教務にも多くのストレスがかかって教務室の空気がピリピリとしたことも正直ありましたが、〈KAI：DLS〉というデジタル機器のサポートチームを作って授業中でも駆けつけて対応したり、教務がICT関連の外部研修で得た情報を随時共有したりするなどして、授業運営上の不安が解消されるよう心がけ、講師の皆さんへの実践の動機づけに細心の注意を払って進めていくうちに、少しずつ変化が見られるようになりました。インターネット上の素材を用いた授業やアプリやソフトを用いた興味深い取り組みが見られるようになり、簡単なトラブルには講師自身で対応してもらえるケースも増えてきました。また、教材作成の際や授業の中での著作物の取扱に関する勉強会や、インストラクショナルデザインに関する勉強会にも、多くの講師の皆さんに参加していただけるようになりました。

学生はと言うと、当初から学習ツールとして極めて自然に受け入れて、それぞれに使いこなしていたようです。「授業中にチャットやゲームをして遊ぶことはないのか。」という質問を受けることがありますが、実際のところ「全くいない」というわけではありません。でも、その学生の集中力は、ICTによって低下したのではなく、その授業のデザインに問題があったのだと考えています。学習目標に到達できるように設計された授業であれば、学生はそのプロセスに集中するはずだからです（理想的には、ですけどね）。

怒濤の日々を振り返ってみて
校長の鶴の一声で決まった全校iPad導入とICT化への取り組みを振り返ってみて、強く感じることが2つあります。カイ日本語スクールの場合は、このようなトップダウンでなければ導入できなかったかもしれないということ。校長がiPadを導入するという形でICT化を決断しなければ、我々教務はいつまでも自分達自身の不安から逃れられず、本格的に動き出すことはできなかったかもしれません。そして、その不安は実際にICT導入を始め、試行錯誤してみることでしか解消できなかっただろうと、今は感じています。もう一つは「誰にも見えていないこと」を進めるのはもやもやの連続で、その進め方も試行錯誤となるのが本当に大変だということ。導入の過程は「予測できないこと」の連続です。設備にせよ、授業にせよ、トラブルが起こらないようにと十全な対策をしようとすることは大事なことですが、それでもトラブルは起こるのだということを受け入れなければなりません。教務はそれを講師の皆さんにも受け入れてもらい、トラブルを恐れずに取り組んでもらえるよう働きかけ続けることが大事だと思います。

そして、最後にICTを導入することに戸惑いや不安がある講師の皆さん。ICTの導入された授業を、カイ日本語スクールの学生達は高く評価してくれています。それは決してその授業が素晴らしいからということではなく、自分達の日本語力向上のための取り組みの一環として、ICT導入前と変わらない先生方の試行錯誤を感じ取っているからだと思います。

これまで使ったことのないツールを用いることで、今までできな

かった授業ができるかもしれない。よく知らない「新しいもの」に取り組むのはとても勇気のいることですが、一歩踏み出した人がしているのはトライ＆エラーの繰り返しです。その経験値をシェアしながら、ICTを活かした日本語教育の形を一緒に模索していきましょう。

倉本 文子（くらもと ふみこ）

カイ日本語スクール教務・主任講師。海外での教授経験を含めて、日本語教師歴26年。企業向け日本語研修と日本語教師養成プログラムを担当。ビジネス日本語研究会・幹事。日本語教育振興会初任者向け教師研修・教材開発担当。

第**4**章

ICTを利用した教室活動に
必要なスキルとは

理論や実践例はわかったけれど、自分にできるかどうかわからない……とまだまだ不安に思っている人がいると思います。最後の章では、ICT利用教育に必要なスキルや、これからどうやって実践までつなげるかについて考えます。

1 コンピュータが苦手でも大丈夫？

■専門的な勉強が必要？

▶ITスキルって何？

あえてここではITという言葉を使いますが、そもそも、ITスキルとはなんでしょうか。履歴書に書ける資格と考えると、「MOS」などの資格を持っているとか、プログラミング言語がわかってプログラミングができるとかをイメージします。よく、「どこでパソコンの勉強をしたんですか？」と聞かれるのですが、実は私は、ITスキルに関して専門的に勉強したことはありません。「MOS」も持っていませんし、ホームページを作るための簡単なhtmlくらいはわかりますが、プログラミングなんてできません。では、なぜこの本を書いているのか……。そこに、これから教育にICTを取り入れたい人へのヒントがあります。

▶ICTの便利さって何？

現在、ほとんどの人がスマートフォンを持っていますし、日本語教師でパソコンを全く使っていないという人はとても少ないと思います。教育にICTを使うのはよくわからないと思っている人も、なぜスマートフォンやパソコンを使っているのでしょう。そこで、ちょっと考えてみてください。みなさん、スマートフォンやパソコンのどんな点を便利だと思っていますか？

この「便利だ」と思う点は、1人1人、スマートフォンやパソコンの使い方によって意見が異なると思います。もしかしたら、普段あまり便利さを意識しないで使っている人もいるかもしれません。具体的な便利さに気がついていないのに、授業にICTを取り入れるというのは、ちょっと難しいと思いませんか。それはつまりは、**ICTの利点がわかっていないということです。なので、一度、自分の生活でスマートフォンやパソコン、インターネットはどんな点で便利なのか、リストアップしてみてください。**一度に全て書き出すのは無理かもしれないので、少し時間をかけて、まず意識することから始めてみましょう。

▶"便利さ"をどう教育に取り入れる？

一般的にICTの便利さとして以下の3つがあげられます。

- 基本的な通信料だけで、距離を越えられる
- デジタル教材を作ったりすることが比較的簡単
- 情報共有が簡単

それでは、これらをどのように自分の授業に取り入れたらいいのでしょうか。それには2つの方法があります。1つ目は、便利だと思ったことにどのようなサービスやソフトが使われているかを調べること、2つ目は、実際にそのサービスやソフトを使った実践研究を探してみることです。

▶"便利さ"を支えているサービスやソフトは何か

それでは、先に挙げた3つの便利さはどのようなICTのサービスやソフトによって成り立っているのか考えてみましょう。また、それらを使う時に、特別なITスキルが必要かどうかも考えてみます。

1つ目の「基本的な通信料だけで、距離を越えられる」の代表的なものとしては、「Skype」などのweb会議システムを使ってオンラインで対面コミュニケーションすることがあげられます。また、SNSなども離れている人との交流には便利です。そして、これらは特別なITスキルがなくても利用可能で、ごく日常的に利用できるものです。

2つ目の「デジタル教材を作ったりすることが比較的簡単」は、もう少しICTのスキルが必要ですが、「PowerPoint」などのソフトやアプリで教材を作ることができます。特に、スマートフォンの性能が格段に向上したので、動画撮影はとても簡単になりました。ちょっとしたマイクを付けるだけで、びっくりするほど本格的な動画が撮影できます。また、オンライン上でドリルを作れるサービスなどもどんどん出てきていますが、このようなサービスはIT専門家以外に向けられたサービスなので操作もさほど難しくありません。

そして、3つ目の「情報共有が簡単」です。以前ならデジタルで情報共

有というとメールが主流でした。でも、今は本当にたくさんの方法があります。オンライン上のストレージでファイルを共有してもいいですし、SNSを使っても、無料のチャットアプリでも様々なタイプの情報を共有できます。また、単にファイルをやり取りするだけのような情報共有のスタイルから、何人もの人がオンラインの状態で、1つのファイルを作り上げるようなスタイルになってきています。そしてこちらも、あまり特別なITスキルは必要ありません。

　2つ目の「デジタル教材を作ったりすること」には、それぞれの教材を作るソフトやアプリ、サイトなどについての知識が必要ですが、1つ目と3つ目に関しては、一般的なユーザーであれば、誰でも利用できる、つまりは特別なITスキルがなくても大丈夫なのです。

　SE（システムエンジニア）でもプログラミングのプロでもない私がなぜこの本を書いているのか。それは、既存のサービスやソフトを使えば、完全文系の教師でも、ICTを自分の授業に取り入れることができるからなのです。もちろん、そのためにはサービスやソフトの特徴や、どのように操作するかと言ったことを理解し学ぶ必要があります。しかし、すでにパソコンで文書作成などを行っている方は、それらの使い方を自分で学んで身に付けたはずです。そして、教育に使えるICTのほとんどは、文書作成ソフトと同レベルのスキルで使えます。ですから、最初の一歩を踏み出せば、意外と自分にもできた！と実感できることも多いと思います。

▶キーワードで実践研究を探してみる

　上記のように便利さを支えているサービスやソフトがわかったら、それをキーワードにして、教育における実践研究を探してみます。ネット上の検索で実践している先生たちのwebサイトや記事などが探せますし、「Google Scholar (https://scholar.google.co.jp/)」や「CiNii (https://ci.nii.ac.jp/)」など、専門サイトで論文を探して読むのもいいと思います。論文には、簡単にではありますがどのように実践したかが書かれています。最初は、その部分だけをたくさん読んで参考にするのもいいでしょう。読んでいくうちに利用の目的、使用されているシステム、具体的な授業方法などの知識

が身につきます。例えば「SNS　日本語」とキーワードを入れると、SNSを授業に活用した研究を探すことができます。その際、「Facebook」や「LINE」というサービス名を検索するのではなく、上位概念をキーワードとして検索するといいでしょう。

　ICTに苦手意識がある場合、ICTのよくない面、例えば「ネットの世界は危険」といった考えを気にしている人は多いと思います。なりすましメールなどでの詐欺や、個人情報の漏えい、情報の信ぴょう性や匿名での悪用など、気になる点を挙げればきりがありません。でも、この本を手に取っている人は、全くネットを使っていないという人はいないでしょう。少しでも使っていれば何かしら便利だと思う点があるはずです。全く便利ではないものを人は使い続けません。ですから、自分がICTの何に便利さを感じているか、まずそれを見つけることから始めましょう。

2 "日本語教育"の実例にこだわらず、 わからないことはネットで調べよう

　日本語教育におけるICT利用には歴史がありますが、事例はとても多いというわけではありません。また、研究の基礎理論は教育工学を参考にしています。ですから、日本語教育の事例を見たら、次は色々な分野の先行研究も見てみましょう。「教育工学会」や「外国語教育メディア学会」、「CIEC」、「日本e-Leaning学会」などの学会誌は参考になります。日本語教育も含んだ外国語教育に関する論文がたくさんありますし、一見参考にならないような科目の実践に、意外なヒントを見つけることができるかもしれません。また、インターネットでは、たくさんのICT利用教育に関する記事やガジェットを読むことができます。例えばバーグマン＆サムズの『反転授業』の和訳が出版されたのは2014年ですが、その少し前から教育やICTを紹介するサイトなどで反転授業は話題になっており、書籍の出版前から色々な記事をネット上で読むことができました。

　現在、「日本語教育のための……」と題名についている本がたくさん出版されています。それらは、最新の理論や実践を日本語教育に置き換えて教えてくれるので、大変便利で有益なものです。しかし、考えてみれば、「日本語教育のための……」という本があるのなら、「英語教育のための」「～教育のための」という同様の本があってもおかしくありません。教育では、基礎的な研究はアメリカ、先進的な実践事例は最近は北欧などから日本に入ってきます。紹介した反転授業やブレンディッドラーニングはアメリカで出版された本が翻訳されましたし、アクティブラーニングやアダプティブラーニングには、北欧の事例も多いようです。最初に手に取るのは、「日本語教育」というキーワードで探した本や論文でいいと思いますが、一通り読んだら、ぜひ違う分野の資料にもあたってください。

　自分はシステムエンジニアなどのIT専門家ではないですし、ITスキルもさほど高くないですが、ユーザーレベルとして「オペレーション能力が高い」と認識しています。新しいソフトやアプリに出会った時、マニュア

ルなどを見なくても大体直感的に操作することができるのです。これは、パソコンを使い始めた時からなので、パソコンを使っているうちに身に付けたスキルではなさそうです。

こう書くと「やっぱり、自分には無理なんじゃ……」と、がっかりする人がいるかもしれませんが、簡単にあきらめないでください。ITスキルに関して、専門的な教育をほとんど受けたことがないですが、1つだけ重要な行動をしています。それは、ICTについてわからないことがあった時、とにかくインターネットを使って調べまくるのです！　書店にもたくさんのマニュアル本がありますが、ICTに関してはインターネットで調べるのが手っ取り早いですし、情報量も膨大です。この本では無料で使える便利なツールやサイト、アプリなどを紹介しました。無料であるものはマニュアル本が出版されていないことがほとんどです。でも、そういった無料サービスに関しても、インターネット上には親切な解説サイトがあって、写真や動画で使い方を説明してくれており、大変わかりやすいです。

ですから、「わからない」と思うことがあったら、インターネットで探す習慣をつけてください。そのためには、キーワード検索のスキルが大切です。どのようなキーワードを入れれば、素早く的確に目的にたどり着くのか、キーワード検索には、慣れがあります（情報検索に関しては、後述しています）。また、インターネットサイトのページには、たくさんのデジタル広告がついていて、その中にはちょっと目に入れたくないようなものもあります。余計なものをクリックしなければフィッシング詐欺などには遭わないので、そういったよろしくないデジタル広告にあまり神経質にならずに、目的の文章だけ読むスルー力も大事です。

日本語教師としてICTを利用するために、専門的なITスキルの勉強を特別にする必要はあまりありません。それよりも、サービスやソフトについて、特徴やできることを把握すること、また、必要な情報を探して問題を自己解決できることが大事だと思います。そして何より必要なのは、やってみよう！と思う気持ちです。最初は誰でも初心者です。多少の失敗を恐れずチャレンジしていきましょう。

3 こんな時はどうする？　FAQ

　ここまでこの本を読んでも、まだ不安に感じることがあると思います。ここでは、よくある質問に答えました。

Q1

　プリントやテストを作るために「Word」は使いますが、それもあまり得意ではなく、いつも同じ機能を使って作っています。それでもICTを取り入れてみたいのですが……。学習者との連絡に「LINE」はよく使っています。

A

　いきなり高いハードルを目指しても挫折しがちです。ですから、学習者との連絡用の「LINE」や「WeChat」に何か学びにつながる投稿をしてみたらどうでしょう。例えば、学んだ文型や語彙を使って一言メッセージを返信してもらう。イラストや写真をアップして、それについてコメントをしてもらうなどです。「LINE」などなら先生も学習者も慣れていて負荷が低いので取り入れやすいです。そして紙で提出する宿題と違い、同じクラスの人が入力したものを共有できるのも魅力です。あの人がこんな日本語を書くんだ！というのは、学習者同士の刺激にもなります。

Q2

　インターネットは決まった使い方しかしておらず、うまく情報を探せません。キーワード検索には何かコツがありますか。

A

　一度の検索で目的の情報にたどり着くというのは、実は慣れていても なかなかありません。キーワードの順番を変えるだけで検索結果 が変わることもあるんです。ですから、検索は1回であきらめずに、 キーワードを色々変えて検索しなおします。また、最初はあまりたく さんキーワードを入れず、広く浅く検索してしてから、絞り込みをか けましょう。

　そして、キーワードに検索で便利な言葉をつけてみます。とても 簡単な方法なのですが、まず、わからない言葉を調べたい時には「○ ○とは」のように、語彙に「とは」をつけます。そうすると辞書サイ トなど言葉を解説するサイトが表示されます。キーワードとキーワー ドの間にAND、OR、NOTなどを入れると、目的の情報にたどり着き やすくなるなどの方法もあります。例えば「日本語教育　AND　ICT」 と入力すると、この2つの言葉が必須条件になり、両方にヒットした 検索結果が表示されます。そう考えると、「日本語教育　OR　ICT」 と入力すると、どんな結果が表示されると思いますか？　ORはどち らかを意味するので、この場合はキーワードに日本語教育と入ってい るサイトか、ICTと入っているサイトの両方が表示されます。ちょっ と目的とは離れてしまいますね。NOTはそれ以外を意味し、「ICT NOT　ビジネス」のように使うと、ビジネスに関するICTの記事など は省かれます。キーワード検索は得意な人がいますので、一度その人 と一緒に検索してどのようなキーワードをどう入力するか参考にさせ てもらうのもいいかもしれません。

Q3

　デジタル教材を作ってみたいと思いますが、どんなスキルから身に 付けたらいいですか。

A

デジタル教材を作ってみたいと思ったら、まずプレゼンテーション資料を作成するソフト、「PowerPoint」や「Keynote」を使えるようになることをお勧めします。これらは、反転授業の動画教材で必ず使われていますし、動画にしなくても、デジタル資料として配布することができるからです。また、音声編集ソフトの「Audacity」も最初に覚えるものとしていいかもしれません。録音した音声を編集できるので、「PowerPoint」と合わせて、音声入りのデジタル教材が作れます。

Q4

SNSがどうしても苦手です。

A

個人的には、苦手だと思うものを無理に使う必要はないと思います。しかしながら、これからは業務命令でSNSを……ということも考えられなくはありません。そういう場合には、割り切った使い方をしましょう。留学生に人気のある「Facebook」では友達にならなくてもグループ活動ができる機能があります。学習者と個人的につながらなくても授業で利用することができるので、グループ内に限定して交流するのがいいでしょう。SNSに興味がないなら、学習者が見てもいい情報しかアップしないなど、使い方のルールを自分で決めます。たいていのSNSには友達申請を制限する設定などもありますので、そういったものも利用します。その際、リアルな友人にも利用について一言声をかけておけば、次々友達申請が来て困るということも防げます。SNSは義務ではありませんから、利用ルールは本来自分で決めればいいものです。苦手意識があるが、仕事で使わなければならない

場合は、あまりストレスにならないような利用ルールを自分で決めましょう。

Q5

この本の次には、どんな本を読んだらいいですか。

A

　インストラクショナルデザイン（ID）の入門の本を読むことをお勧めします。少し難しいと感じるかもしれませんが、どのように教育をデザインしていくのか、どう評価したらいいのかなど、基本的なことがわかります。そしてそれは、ICT利用だけでなく、利用しない通常の授業にも関わります。

　また、英語教育や学校教育に関するICT利用の本がありますので、そういう本もぜひ読んでみてください。授業の実践がたくさん載っている本があり、国語や英語の授業実践を紹介している書籍は、日本語教育とも共通点があるので参考になります。

Q6

非常勤でチームティーチングをしており、ICTを取り入れたくても、自己裁量の部分があまりありません。

A

　この問題は、多くの先生が抱えるものだと思います。しかしながら1回の授業の中で、多少なりとも自分のオリジナルを活かせる部分は

ないでしょうか。もし、そういう部分があるのなら、そこからICTを取り入れてみましょう。それは、宿題のデジタル化かもしれませんし、漢字の追加ドリルをアプリで作ることかもしれません。そして、それをこっそりするのではなく、ほかの先生にも「こういうことをやっています」と共有してください。もちろん、最初は反対する先生や煙たがる先生がいるかもしれません。でも、結果が出ればきっと反応は変わってくるはずです。アドバイスをもらうことで、先生たちの心証が変わることもありますし、もしかしたら、学習者の反応がよくて先生たちにいい影響を与えることもあるかもしれません。ICT利用教育というと、何か大それたことを想像して身構えてしまう人も多いですが、本当にちょっとしたことでもICT利用教育と言えるんです。

Q7

自分はICTを使った授業をしたくないのに、トップダウンでしなければならなくなりました。

A

これはもう、自分の教師としてのスキルアップと前向きに捉え、やるしかないです！　近い将来、単に教科書に載っていることを教えるだけの教師は、「AI教師」に取って代わられる可能性が高いです。これからは、ICTに使われるのではなくICTを使いこなせる教師になる必要があります。学校がICTを導入するのなら、それはいい機会です。ただし、学校から教師に丸投げでは困るので、学校側に講習の機会を設けてもらうなどの交渉をしなければならないかもしれません。教師の負担ばかりが増えることにならないよう、学校と協力してやれるのが一番です。

Q8

ICTを授業に取り入れたいのですが、通常の業務が忙しく、なかなか準備をする時間がありません。

A

残念ですが、ICTを授業に取り入れようと思うと、今まで以上に授業準備に時間が取られます。「ICTを取り入れたら授業準備が楽になると思ったのに！」という期待は、見事に裏切られます。でも、思い出してほしいのですが、日本語教師になりたてのころ、準備に時間がかかって睡眠不足になりませんでしたか？　新しいことを始めようと思ったら、それなりに時間がかかるものです。ですから特に個人の場合、最初から大掛かりなことをしようとは思わず、小さいところから少しずつ取り入れてみてください。そして、できるだけ慣れている授業で、授業準備に負荷が高くない科目を選ぶのがいいと思います。ずっと担当していた授業を少し新しくできるのも、ICTを利用するメリットの1つです。

Q9

学校に予算がなく学習者もお金がありません。特別な機器を導入したり準備したりできないのですが……。

A

教師も学習者も自分のパソコンやスマートフォンを使う方法を考えましょう。現在のパソコンやスマートフォンは本当に多機能で高性能になりました。例えば、企業や大学のイメージアップのために、中の

人（企業なら社員、大学なら教員や職員、在校生）が動画を作ってホームページに公開するオウンドメディアという手法が一般的になってきています。この際動画を作成する機材として推奨されているのは、スマートフォンです。つまり、そのくらいスマートフォンの動画撮影の機能が向上しているということです。高額な専用機材がなくても、個人が使うパソコンやスマートフォンで様々なことができます。そして、むしろ学習者にとっては、普段使っている自分のスマートフォンが学習端末となるほうが便利なことは間違いありません。少し注意したいのは、スマートフォンの通信量です。月末になると通信制限が……ということもありますので、あまり長い動画などは作らないほうがいいですね。

Q10

授業でスマートフォンやタブレットを使ったりすると、学習者がネットをしてしまい、授業に集中しなくなると思うのですが……。

A

私の授業では、スマートフォンを使ったネット検索などを積極的に取り入れています。もちろん、中には堂々とゲームをしている学習者もいます。その場合、一度は注意しますが、それでも止めない場合は、周囲に迷惑がかかっていない場合、学習者自身の問題としてほうっておいてもいいのではないかと思います。もちろん、この問題は学習者側だけに原因があるのではなく、そもそも授業がつまらない、授業内容が学習者のレベルに合っていないといった教師側に原因があることがあります。もし、あまりにも多くの学習者が授業に集中できない場合は、授業内容の見直しが必要かもしれません。

しかし、ICTを利用していなくても、集中力に欠ける学習者は授業

中にネットにアクセスしていませんか？　自分自身のことを考えると、会議の時などついスマートフォンでSNSをチェックしてしまうことがあります。これはもう現代病のようなものなので、ある程度の割り切りが必要ではないかと感じています。対策としては、授業開始時に学習者と話し合って、授業中のスマートフォンやタブレットの使用ルールを決めるのがいいでしょう。学習者の自律性を信じることも、ICT利用では必要なことかもしれません。

おわりに

　昨今の教育や人材育成では、「21世紀型スキル」が注目されています。これは、国際団体ATC21s（Assessing and Teaching 21st Century Skills）が提唱している21世紀以降の社会に必要なスキルで、豊田（2015）によると、「21世紀のグローバル社会を生き抜くための5つの力である批判的思考力、問題解決能力、コミュニケーション能力、コラボレーション能力、情報リテラシーの融合的な育成を目指すもの」です。このスキルは10項目あり「3　仕事のツール（Tools for Working）」は、⑥情報リテラシーと⑦情報通信技術のリテラシー（ICTリテラシー）で構成されています。来るべきAIとの共存時代に向け、ICTを適切に使うことは、これからの人材では当たり前のこととして求められます。同様に豊田（2015）はICTと教育について、「21世紀の情報社会は、むしろ考え方、創造性、批判的思考、問題解決、判断力、コラボレーション、チームワーク、ICTツールを使い、いかに世界と関われるかという力をつけることが大切である。しかし、現段階では21世紀型スキル育成のための教育方法は未だ確立されていない」と述べています。ICTに関して言えば、多くの教師はまだICTを積極的に利用できていないということでしょう。

　その反面、技術はどんどん進歩しています。この本が出版される少し前に、外国語教師、通訳者などにとって、衝撃的な動画がインターネットで公開されました。それは、Microsoft社が自動機械通訳技術と自動音声読み上げ技術などを等身大ホログラムと組み合わせてデモした動画です。滑らかに動くホログラム、本人の声で話す自動翻訳による日本語。私が教えている留学生の中には将来通訳者になりたいという学生もいて、授業でこの動画を紹介したところ、「自分のしたい仕事は必要なくなるのか……」とショックを受けていました。

私が学会などでICTに関する発表をし始めたころ、日本語の先生たちによく、「コンピュータで日本語を勉強できるようになったら、私たちの仕事がなくなるじゃないですか！」と強く言われました。その当時はまだそんなことは夢物語だったのですが、ほんの15年ほどで上記の動画で見られるような技術が現実になりました。まさに、自分で外国語を学ばなくても、機械がコミュニケーションを取ってくれる時代が近いのかもしれません。現に、機械翻訳に関してはかなり翻訳精度が上がって実用化されています。

　本文でも述べた通り10年後になくなる職業リストに日本語教師は幸いにも入っていませんでした。しかし、だからと言ってこれまででいいということでは全くありません。教育目的、そして育てたい人材は大きく変わっています。ICTを使いこなせる、それは次世代だけでなく大人である私たちにも求められているスキルではないでしょうか。

　新しい技術が一般に普及するのにはまだ少し時間がかかります。ホログラムの自分が見知らぬ言語を自動翻訳で話し、他者とコミュニケーションできるようになるのがいつなのか……それはまだまだ未知数です。しかし、技術はどんどん教育の中に入ってきています。どうしたらよりよい授業をデザインできるのか。その１つのツールとして、ICTを気軽に取り入れてもらいたいと思います。この本がその入り口になれれば幸いです。

　最後に、貴重な時間を割いてコラムを執筆していただいた篠﨑大司さん、小山暁子さん、カイ日本語スクールの倉本文子さん、そしてカイ日本語スクールの山本弘子校長に、厚く御礼を申し上げます。

2019年11月

著者

用語集

ICT関連

アーカイブ化 あーかいぶか

重要記録を保存・活用し、未来に伝達するために、デジタル化すること。デジタル化するものは文書に限らず、フィルム、音源など多岐に渡る。

ARCSモデル あーくすもでる

IDの理論の1つ。ジョン・M・ケラーが提唱。

ISDN回線 あいえすでぃーえぬかいせん

デジタル回線の電話サービスで、高速で安定したデータ転送ができる。

ID（インストラクショナルデザイン） あいでぃー（いんすとらくしょなるでざいん）

教育設計のことで、それぞれの環境において最適な教育効果をあげる手法全般のことを指す。

アクティブラーニング あくてぃぶらーにんぐ

一斉授業で講義を聞くのではなく、学習者が主体となり能動的に学習に参加する授業。グループワークやディスカッションを行うことが多い。

アダプティブラーニング あだぷてぃぶらーにんぐ

適応学習。学習者の学習進行度や理解度に応じて学習内容や学習レベルを調整し、学習内容を提供する。

アプリケーション（アプリ） あぷりけーしょん

コンピュータ上で、様々な目的に応じて実際に使う「Word」や「Excel」などのプログラムのこと。

eラーニング いーらーにんぐ

インターネットとパソコンやスマートフォンを使う学習や学び。

インストール いんすとーる

アプリケーションやソフトをコンピュータやスマートフォンで使えるようにすること。

インターフェース いんたーふぇーす

パソコンやタブレットPCのデスクトップで展開するソフトやアプリの操作画面。

Windows95 うぃんどうず95

Microsoft社が1995年に発売したパーソナルコンピュータ用オペレーションシステム（OS）。

ウェアラブル端末 うぇあらぶるたんまつ

身に付けられるデジタル機器。主に時計や衣服のようになっている。

web会議システム うぇぶかいぎしすてむ

インターネットを利用し、遠隔地同士を結んで映像・音声のやり取りや、資料の共有などができるシステム。

AI えーあい

Artificial Intelligence。人工知能。人間の知的な行動をコンピュータを用いて再現しようとするもの。

html えっちてぃーえむえる

webページを作るための最も基本的なプログラミング言語の1つ。

LL教室 えるえるきょうしつ

Language Laboratory。外国語学習のための教室で、オーディオ、ビデオなどの機器が備え付けられている。

オウンドメディア おうんどめでぃあ

広報のために、組織内で作成するパンフレットやウェブサイト、ブログなどのこと。

オープンエデュケーション おーぷんえでゅけーしょん

インターネットを使って、大学などが提供する講義を誰でも学べる仕組み。

大村はま おおむらはま

日本の国語教育研究家（1906年〜2005年）。

オペラント条件付け おぺらんとじょうけんづけ

行動主義心理学の基本的な理論で、報酬や罰などの嫌悪刺激により、自発的にある行動をするようになること。

カーン・アカデミー かーんあかでみー

2006年にサルマン・カーンにより設立された教育系非営利団体。元々は、カーン氏が親戚の子供に数学を教えるために動画教材を作って教えていたことが始まり。

CAI　カイ

Computer Assisted Instructionの略で、コンピュータ支援教育。コンピュータを利用して学習を支援する。

学習用SNS　がくしゅうようえすえぬえす

学習に特化したSNS（例「Edmodo」）。教師と学生・学習者という登録ができる場合が多い。

ガニェ、ロバート・M　がにぇ、ろばーと・M

アメリカの教育心理学者。IDの9教授事象を提唱。

完全習得学習型　かんぜんしゅうとくがくしゅうがた

反転授業において、学生全員が一定の知識を一定レベル習得することを目的とする学習。

QRコード　きゅーあーるこーど

白黒のドットパターンで縦横に情報を持つ2次元コード。情報量がバーコードより多く、数字、英字や漢字など多言語のデータも入れることができる。

協働学習（Collaborative Learning）　きょうどうがくしゅう

学習者同士が意見を交換し、協力し合いながら問題を解決したり課題を達成する学び。

クラウド　くらうど

クラウド・コンピューティングの略。インターネットを通じて利用できるサービスで、代表的なものとしては、データを保存、共有するサービスがある。

クリップ　くりっぷ

短い動画及び動画教材を指す。

クローズのグループ　くろーずのぐるーぷ

SNS内で作るグループで、グループメンバー以外は、投稿することも投稿を見ることもできない。

ゲーミフィケーション　げーみふぃけーしょん

ゲームの要素やゲームの原則をゲーム以外、例えば教育や人材育成などに応用すること。

ケラー、ジョン・M　けらー、じょん・M

アメリカの教育工学者。IDのARCSモデルを提唱。

限定公開 げんていこうかい

動画やSNSの投稿の公開範囲を知り合いのみなどに限定していること。

高次能力学習型 こうじのうりょくがくしゅうがた

反転授業において、基礎知識を元に、よりアクティブな 授業活動を行う学習。

CALL教室 こーるきょうしつ

CALLはComputer Assisted Language Learningの略で、コンピュータを活用した外国語学習のこと。CALL教室は、コンピュータが設備され、機器やメディアを使って外国語を学ぶ教室。

コルブ、デイヴィット・A こるぶ、でいづぃっと・A

アメリカの教育理論家。経験学習モデルを提唱。

CSCL しーえすしーえる

Computer Supported Collaborative Learning。協働学習をコンピュータによって支援すること。

事前学習 じぜんがくしゅう

授業の前に行う学習。反転授業では、動画視聴などによる事前学習が必須。

書画カメラ しょがかめら

紙の資料などをカメラで撮影して映像信号にし、プロジェクターなどに投影するための装置。

シングルタスク しんぐるたすく

コンピュータやスマートフォンなどのデジタル機器において、一度に立ち上げられるタスク（ソフトやアプリケーション）が1つであること。

スキナー、B・F すきなー、B・F

心理学者、行動分析学の創始者で、「オペラント条件付け」が有名。

ストレージ すとれーじ

データを保存しておく場所。

スモールフレーム すもーるふれーむ

小さな枠組み、もしくはそれらが連続でつながっている状態。

大福帳 だいふくちょう

帳簿の一種の大福帳ではなく、授業の振り返り用シートのこと。詳しくはサイト参照。https://kogolab.wordpress.com/授業のデザイン/大福帳/大福帳の研究

タブレット (PC) たぶれっと（ぴーしー）

キーボードを持たない平面状のPC（例：「iPad」など）。

チャット ちゃっと

同時期にインターネットにアクセスし、テキストで会話をするシステム。

チャットアプリ ちゃっとあぷり

リアルタイムで、テキストの送受信を1対1またはグループで行えるアプリ。テキストメッセージだけでなく、音声通話やビデオ通話もできる。代表的なものとしては「LINE」、「カカオトーク」など。

ティーチングマシン てぃーちんぐましーん

一定の順序に配列された内容を正誤で解答する学習用機械。

ディープラーニング でぃーぷらーにんぐ

深層学習。コンピュータに、データに含まれる特徴などを自動的に学習させる機械学習の手法。

デジタルネイティブ でじたるねいてぃぶ

生まれた時から、電子機器と共に育っている世代。

TED てど、てっど

非営利団体Technology Entertainment Designの略。講演会を世界的に開催（主催）、インターネット上で無料で動画配信している。

動画発信サイト どうがはっしんさいと

個人が作成した動画を広くインターネットに公開できるサイト。「YouTube」や「ニコニコ動画」、「TikTok」などが有名。

同期通信 どうきつうしん

インターネットに同時にアクセスし、通信すること。テレビの生放送にあたるが、インターネットの場合は双方向通信であることが特徴。

中の人 なかのひと

企業のSNSなどで、情報発信をしている担当者のこと（ネットスラング）。

配信プラットフォーム はいしんぷらっとふぉーむ

eラーニング教材などを学習者に配信するためのシステム。

ハイパーテキスト はいぱーてきすと

コンピュータ上で、複数の文書（テキスト）を相互に関連付け、結び付ける仕組み。

ハイパーメディア　はいぱーめでぃあ

ハイパーテキストと同じ理論でもっと拡張し、写真やイラストなどのグラフィック、音声、動画、テキスト、リンクなどを相互に関連付ける仕組み。

反転授業　はんてんじゅぎょう

知識のインプットとアウトプットの場を逆にして、知識導入を動画にし授業外で学習者が個別に視聴し、対面授業では教師が個々の生徒に合わせ指導したり、学習者同士の協働活動を行う授業形態。

ピア　ぴあ

学生同士が関わり合って学びを促進する方法。

ビデオ通話　びでおつうわ

インターネットを利用した映像つきの通話。

ファシリテーション　ふぁしりてーしょん

グループ活動などが円滑に行われるようサポートすること。具体的には、発言を促進する、話の流れを整理するなどして、話し合いがまとまるようにサポートする。

PLATO　ぷらとー

世界初の汎用コンピュータ支援教育（CAI）のシステム。イリノイ大学で1960年初頭に構築され、40年間機能した。

フリーライダー　ふりーらいだー

グループワークなどで活動に参加したり協力したりせず、ほかのメンバーの活動結果にただ乗りするような学生・学習者のこと。

ブレンディッドラーニング　ぶれんでぃっどらーにんぐ

インターネットやパソコンを使い、様々なメディアやツールを組み合わせて行うeラーニングの手法の1つ。

プログラミング　ぷろぐらみんぐ

コンピュータやコンピュータ上でソフトやアプリが動くようコンピュータへの指示を書くこと。

プログラミング言語　ぷろぐらみんぐげんご

コンピュータプログラムを作るための形式言語。コンピュータへの指令であるプログラムを書くのに使われる。

プロジェクト学習 ぷろじぇくとがくしゅう

授業の中で、様々な技能を習得するために、グループごとにプロジェクトを企画実行する学習。

ペーパーレス ぺーぱーれす

紙の資料をデータにし（例：PDF ファイルなど）、オンライン上やメールなどで共有し、印刷物をなくすこと。

ポータルサイト ぽーたるさいと

インターネット上にある情報にアクセスするときの入口となるウェブサイトのことで、目的により情報が集積されている場合が多い。

マルチタスク まるちたすく

コンピュータやスマートフォンなどのデジタル機器において、複数のタスク（ソフトやアプリ）を切り替えて同時に実行できること。

マルチメディア まるちめでぃあ

主にコンピュータ上で文字や音声、動画、静止画などの複数の媒体（メディア）を組み合わせて使うこと。

『ミミ号の航海』 みみごうのこうかい

The Voyage of Mime. 主人公の冒険物語を軸にした世界初のマルチメディア教材。アメリカのバンクストリート教育大学制作。

MOOC むーく

Massive Open Online Course の略で、インターネット上に公開されている誰もが無料で受講できる大規模な講義。

MOS もす

「Microsoft Office Specialist」の略。Microsoft 社が出しているビジネス用アプリケーション「Microsoft Office」製品に関する資格。

リア充 りあじゅう

私生活が充実している人（ネットスラング）。

ロム専門 ろむせんもん

SNS などにアカウント登録しているが、自分で投稿はせず人の投稿を見るだけの人。

用語集

サービス・ソフトなど

iMovie　あいむーびー
https://www.apple.com/jp/imovie/

Instagram　いんすたぐらむ
https://www.instagram.com

WeChat　うぃーちゃっと
https://www.wechat.com/ja/

Excel　えくせる
https://products.office.com/ja-jp/excel

edX　えでっくす
https://www.edx.org

Edmodo　えどもど
https://new.edmodo.com

OJAD　おーじゃっど
http://www.gavo.t.u-tokyo.ac.jp/ojad/

Audacity　おーだしてぃ
https://www.audacityteam.org/

Camtasia　かむたじあ
https://www.techsmith.co.jp/camtasia.html

Kahoot!　かふーと
https://kahoot.com/

Keynote　きーのーと
https://www.apple.com/jp/keynote/

Quizlet　くいずれっと
https://quizlet.com/ja

QuickTime　くいっくたいむ
https://support.apple.com/ja-jp/quicktime

Google Classroom　ぐーぐるくらするーむ
https://edu.google.com/

Google Scholar　ぐーぐるすからー

https://scholar.google.com/

Googleスプレッドシート　ぐーぐるすぷれっどしーと

https://www.google.com/intl/ja_jp/sheets/about/

Google スライド　ぐーぐるすらいど

https://www.google.com/intl/ja_jp/slides/about/

Google ドキュメント　ぐーぐるどきゅめんと

https://www.google.com/intl/ja_jp/docs/about/

Goolgeフォーム　ぐーぐるふぉーむ

https://www.google.com/intl/ja_jp/forms/about/

Coursera　こーせら

https://ja.coursera.org

CiNii　さいにぃ

https://ci.nii.ac.jp/

JFにほんごeラーニング みなと　じぇいえふにほんごいーらーにんぐみなと

https://minato-jf.jp/

JMOOC　じぇいむーく

https://www.jmooc.jp

jReadability Portal　じぇいりーだびりてぃぽーたる

https://jreadability.net

Zoom　ずーむ

https://zoom.us/jp-jp/meetings.html

Skype　すかいぷ

https://www.skype.com/ja/

Slack　すらっく

https://slack.com/intl/ja-jp/

Chatwork　ちゃっとわーく

https://go.chatwork.com/ja/

NIHONGO eな　にほんごいーな

https://nihongo-e-na.com/

PowerPoint　ぱわーぽいんと
https://products.office.com/ja-jp/powerpoint

V-CUBE　ぶいきゅーぶ
https://jp.vcube.com

Blackboard　ぶらっくぼーど
https://www.blackboard.com/ja-jp

Moodle　むーどる
https://moodle.org/

YouTube　ゆーちゅーぶ
https://www.youtube.com/

LINE　らいん
https://line.me/ja/

リーディングチュウ太　りーでぃんぐちゅうた
http://language.tiu.ac.jp/

Word　わーど
https://products.office.com/ja-jp/word

引用・参考文献

書籍

浜野保樹 (1990)『ハイパーメディアと教育革命』ASCII

鈴木克明 (2002)『教材設計マニュアル　独学を支援するために』北大路書房

島宗理 (2004)『インストラクショナルデザイン　教師のためのルールブック』米田出版

和田公人 (2004)『失敗から学ぶeラーニング』オーム社

吉田文、田口真奈 (2005)『模索されるeラーニング　事例と調査データにみる大学の未来』東信堂

ジョシュ・バーシン 著、赤堀侃司 監訳 (2006)『ブレンディッドラーニングの戦略　eラーニングを活用した人材育成』東京電機大学出版局

R・M・ガニェ、W・W・ウェイジャー、K・C・ゴラス、J・M・ケラー 著、鈴木克明、岩崎信 監訳 (2007)『インストラクショナルデザインの原理』北大路書房

佐伯胖 監修、CIEC 編 (2008)『学びとコンピュータハンドブック』東京電機大学出版局

鄭仁星、久保田賢一、鈴木克明 編著 (2008)『最適モデルによるインストラクショナルデザイン　ブレンド型eラーニングの効果的な手法』東京電機大学出版局

宮地功 編著 (2009)『eラーニングからブレンディッドラーニングへ』立教出版

梅田望夫、飯吉徹 (2010)『ウェブで学ぶ　オープンエデュケーションと知の革命』ちくま新書

玉木欽也 編著 (2010)『これ一冊でわかるeラーニング専門家の基本　ICT・ID・著作権から資格取得準備まで』東京電機大学出版局

山内祐平 編 (2010)『デジタル教材の教育学』東京大学出版会

ジョナサン・バーグマン、アーロン・サムズ 著、山内祐平、大浦弘樹 監修 (2014)『反転授業　基本を宿題で学んでから、授業で応用力を身に付ける』オデッセイコミュニケーションズ

Richard E. Mayer(2014) "The Cambridge Handbook of Multimedia Learning (Cambridge Handbooks in Psychology)" 2nd Edition, Cambridge University

Press

ジョナサン・バーグマン、アーロン・サムズ 著、東京大学大学院情報学環反転学習社会連携講座 監修 (2015)『反転授業　生徒の主体的参加への入り口』オデッセイコミュニケーションズ

稲垣忠、鈴木克明 編著 (2015)『授業設計マニュアルVer.2　教師のためのインストラクショナルデザイン』北大路書房

鈴木克明 (2015)『研修設計マニュアル　人材育成のためのインストラクショナルデザイン』北大路書房

松下佳代、京都大学高等教育研究開発推進センター 編著 (2015)『ディープ・アクティブラーニング』勁草書房

川口義一 (2016)『もう教科書は怖くない！日本語教師のための初級文法・文型完全「文脈化」・「個人化」アイデアブック第1巻』ココ出版

鈴木克明 監修、市川尚、根本淳子 編著 (2016)『インストラクショナルデザインの道具箱101』北大路書房

マイケル・B・ホーン、ヘザー・ステイカー 著、小松健二 訳 (2017)『ブレンディッド・ラーニングの衝撃』教育開発研究所

李在鎬 編 (2017)『文章を科学する』ひつじ書房

鈴木克明、美馬のゆり 編著 (2018)『学習設計マニュアル　「おとな」になるためのインストラクショナルデザイン』北大路書房

村上吉文 (2018)『もう学校も先生もいらない！？SNSで外国語をマスターする《冒険者メソッド》』ココ出版

ジョン・カウチ、ジェイソン・タウン 著、花塚恵 訳 (2019)『Appleのデジタル教育』かんき出版

論文など

菅井勝雄 (1993)「教育工学　構成主義の「学習論」に出あう」『教育学研究』第60巻第3号、pp.237-247、日本教育学会

中原淳、前迫孝憲、永岡慶三 (2002)「CSCLのシステムデザイン課題に関する一検討　認知科学におけるデザイン実験アプローチに向けて」『日本教育工学会論文誌』Vol.25No.4、pp.259-267、日本教育工学会

林敏浩、林田行雄 (2003)「ブレンディッドラーニングに基づく自習支援のための

e-learning教材の開発」『JSiSE Research Report』vol.18 no.4、pp.73-78、教育システム情報学会

新庄あいみ、森朋子、岩居弘樹 (2005)「大学の言語教育における実践的なCSCLとその質的調査　Web上の学習日誌から解釈される学びの多様性」『CIEC会誌　コンピュータ＆エデュケーション』Vol.19、pp.66-69、CIEC

鈴木克明 (2005)「e-Learning実践のためのインストラクショナル・デザイン」『日本教育工学会論文誌』29巻3号、pp. 197-205、日本教育工学会

鈴木克明 (2006)「IDの視点で大学教育をデザインする鳥瞰図　eラーニングの質保証レイヤーモデルの提案」『日本教育工学会第22回講演論文集』pp.337-338、日本教育工学会

難波康治、新庄あいみ (2007)「日本語授業におけるコンピュータ支援による協同学習の試み　Moodleを利用したグループ読解作業の観察を通して」『e-Learning教育研究』第2巻、pp.41-51、e-Learning 教育学会

西郡仁朗、清水政明、藤本かおる (2007)「テレビ会議システムとmLearningの併用によるブレンド型日本語研修」『人文学報』382、pp.1-14、首都大学東京都市教養学部人文・社会系

篠﨑大司 (2009)「Moodleを活用した上級日本語読解eラーニングコンテンツの開発と学習者評価　ブレンディッドラーニングモデルの構築に向けて」『別府大学国語国文学』第51号、pp.1-26、別府大学国語国文学会

豊田順子 (2015)「オンラインメディアリソース活用型CLIL　21世紀型学力を目指して」『関西外国語大学研究論集』第102号、pp.71-89、関西外国語大学・関西外国語大学短期大学部

古川智樹、手塚まゆ子 (2016)「日本語教育における反転授業実践　上級学習者対象の文法教育において」『日本語教育』164 号、pp.126-141、日本語教育学会

李在鎬 (2016)「日本語教育のための文章難易度研究」『早稲田日本語教育学』第21号、pp.1-16、早稲田大学大学院日本語教育研究科

藤本かおる (2017)「定義からみる日本におけるブレンディッドラーニングの概要」『Global studies』第2号、pp.127-137、武蔵野大学グローバルスタディーズ研究所

山内真理 (2017)「Kahoot!による学生参加の促進　ゲーム要素による学習態度の

変容」『CIEC会誌　コンピュータ＆エデュケーション』Vol.43、pp.18-23、CIEC

「5分でわかる学習理論講座」第3回：学習を「個人の営み」ではなく、「社会的な営み」として捉え直す〜「社会的構成主義」『東京大学大学院情報学環　ベネッセ先端教育技術学講座「BEAT」メールマガジン「Beating」第14号』https://fukutake.iii.u-tokyo.ac.jp/archives/beat/beating/014.html

「専修大学LLだより第25号」専修大学　CALL教室アーカイブ　https://www.senshu-u.ac.jp/call-ile/about/archive.html

「【第7回】学習心理学の3大潮流(1)　行動主義：代理強化とティーチングマシン」熊本大学教授社会文化科学研究科システム学専攻『基盤的教育』　http://www.gsis.kumamoto-u.ac.jp/opencourses/pf/3Block/07/index.html

「デジタル教材の系譜・学びを支えるテクノロジー　第4回　魅せます、CSCLのすべて：1日でわかる協調学習」https://fukutake.iii.u-tokyo.ac.jp/archives/beat/seminar/012.html

Carl Benedikt Frey and Michael A. Osborne" THE FUTURE OF EMPLOYMENT: HOW SUSCEPTIBLE ARE JOBS TO COMPUTERISATION?" https://www.oxfordmartin.ox.ac.uk/downloads/academic/The_Future_of_Employment.pdf

IT用語辞典e-Words　http://e-words.jp/

アムステルダム国立美術館デジタルアーカイブ "Rijksstudio"　https://www.rijksmuseum.nl/en/rijksstudio

国立公文書館デジタルアーカイブ　https://www.digital.archives.go.jp/

NHKアーカイブス　http://www.nhk.or.jp/archives/

Digital_Learning_Research.Net　https://sites.google.com/site/tetsuyanobuhara/

KANJI INVADER for NAKAMA 1 &NAKAMA2（Freeware）　http://tell.cla.purdue.edu/JapanProj/KanjiInvader/KanjiInvader.html

著者紹介

<ruby>藤本<rt>ふじもと</rt></ruby>かおる

武蔵野大学グローバル学部日本語コミュニケーション学科准教授

NPO日本語教育研究所理事、日本e-Learning学会理事

専門：日本語教育、教育工学（特にeラーニング、遠隔教育）

日本語教師養成時代にマルチメディア教材について授業で学び、大学研究室でマルチメディア教材開発の手伝いをする。その後、日本語学校で日本語教師ではなくマルチメディア教育の研究員として働き、オンライン教材の開発などを担当。また、放送大学在籍中から、オンラインゼミの運営補助員になり、卒業後は放送大学の授業のオンライン化に携わる。そのほか、eメンターとして、eラーニングで日本語を学ぶ人のサポートを担当したり、NPOで独自のeラーニング教材の企画開発を中心的に行う。eラーニングオタク20年選手で、eラーニングベンダーさんたちと「eラーニング畜の会」を作り、日々eラーニングについて研鑽している。モットーは「大掛かりな（お金がかかる）利用法ではなく、必要だと思うことをできる範囲でデジタル化！」。最近は、サブカルチャー科目も担当。

装幀・造本　長井究衡

教室へのICT活用入門

2019年11月25日　初版第1刷　発行
2020年　9月25日　初版第2刷　発行

著　者　藤本かおる
発行者　佐藤今朝夫
発行所　株式会社国書刊行会
　　　　　〒174-0056　東京都板橋区志村1-13-15
　　　　　電話 03-5970-7421　ファックス 03-5970-7427
　　　　　https://www.kokusho.co.jp

印　刷　株式会社シーフォース
製　本　株式会社村上製本所

乱丁本・落丁本はお取り替えいたします。
ISBN 978-4-336-06339-7
©Kaoru FUJIMOTO